Explorano

Comprehension
and Unseen Practice

Exploranda Latina

Comprehension
and Unseen Practice

W. Michael Wilson

Bristol Classical Press

This impression 2004
This edition published in 1997 by
Bristol Classical Press
an imprint of
Gerald Duckworth & Co. Ltd.
90-93 Cowcross Street, London EC1M 6BF
Tel: 020 7490 7300
Fax: 020 7490 0080
inquiries@duckworth-publishers.co.uk
www.ducknet.co.uk

First published in 1976 by Macmillan Education Ltd
© 1976 by W. Michael Wilson

A catalogue record for this book is available
from the British Library

ISBN 1 85399 549 5

Contents

Preface

This book consists of fifteen chapters each of which gives a brief explanation of a basic construction followed by two passages for comprehension, and two for translation into English. Each of the passages is restricted to the subject of the particular section and those preceding it, thus offering graduated exercises in construing Latin.

I have used the standard grammatical terms, as I have yet to discover any improved nomenclature. I see little point when asking for an example of an Ablative Absolute to indulge in such circumlocutions as, 'Find another example of an ablative participial phrase of the type *clausis oculis*', which appeared in a recent examination question.

This book could be used not only in the 'O' Level ('O' Grade in Scotland) year, but also before and after it as the passages range in difficulty from elementary to a little beyond 'O' Level. I feel it could also prove useful for pupils (not a few) starting Latin late who require a streamlined course in the basic Latin constructions.

Grateful acknowledgement is made to the Scottish Certificate of Education Examination Board for permission to reproduce certain extracts from past SCE Ordinary and Higher grade question papers; also to Messrs Pillans and Wilson Ltd for permission to reproduce extracts from a Third year Test Paper and a Higher grade Test Paper.

January 1976

1 INDIRECT STATEMENT

1   In Latin after verbs such as **dico, audio, puto**, i.e. <u>verbs</u> <u>of saying, hearing, thinking,</u> etc., we often find a **noun** or **pronoun** in the <u>accusative</u> and a verb in the <u>infinitive</u>.

e.g. *scimus pueros ignavos esse.*

  We know (that) the boys are lazy.

  dicunt puellas cenam parare.

  They say (that) the girls are preparing dinner.

Note that the accusative becomes the **subject**, the **infinitive** the **verb** of the **second clause**. You can call the second clause an Indirect (i.e. reported) Statement or an Accusative and Infinitive.

2   You will have to translate a **perfect or future infinitive** as well as a present. This is very simple. If you find a **perfect infinitive** translate by **have** or **has**, if you are talking about the **present**, and by **had** if you are talking about the **past**. A **future infinitive** will be translated by **will** or **would** in the same way.

e.g. *dicimus hostes* $\begin{cases} pugnavisse. \\ pugnaturos\ esse. \end{cases}$

  We say (that) the enemy $\begin{cases} \text{have fought.} \\ \text{will fight.} \end{cases}$

  putabant puellas $\begin{cases} rediisse. \\ redituras\ esse. \end{cases}$

  They thought (that) the girls $\begin{cases} \text{had returned.} \\ \text{would return.} \end{cases}$

Note that you will translate the **present infinitive** by **was or were** if you are talking about the **past**:

e.g. *responderunt urbem ardere.*

  They replied that the city **was** on fire.

You will find the following table useful.

Infinitive	Main Verb Present	Main Verb Past
Present	is, are	was, were

Perfect	have, has	had
Future	will	would

3   You will find **se** occurs frequently in this construction. You will almost never translate it by **himself**, etc., but by **he, she, they** if it is the subject of the infinitive, by **him, her, them** if it is the object:

e.g. *audivit se laudatum esse.*

   He heard that he had been praised.

   putabat nos se laudaturos esse.

   He thought that we would praise him.

COMPREHENSIONS

(a)   Leonidas is trapped

prima luce Leonidas sensit se ab hostibus circumventum esse.
nihilominus[1] quod praeditus[2] erat magna virtute proelium
committere ac pro patria mori constituit. postquam socios
laudavit, omnes eos dimisit. multos Lacedaemoniorum[3] etiam
dimittere volebat, sed omnes negaverunt se regem deserturos   5
esse. tandem Leonidas ubi perspexit hostes appropinquare,
suos ad pugnam instruxit. omnes Lacedaemonii sciebant
copias hostium maximas esse neque ullam fugae spem se
habere. multas autem horas fortiter pugnabant atque hostes
se recipere saepe coegerunt.[4] sed tandem omnes Lacedaemonii   10
ad unum interfecti sunt. hostes Lacedaemonios superare
poterant quod proditor eos certiores fecerat impetum in
Lacedaemonios a tergo facere posse. Leonidas ipse ultimus
periit.   *Nepos (adapted)*

1 *nihilominus* = nevertheless	2 *praeditus* = endowed with
3 *Lacedaemonii* = Spartans	(+ abl.)
	4 *cogo* = compel

1   What did Leonidas realise at dawn?   2

2   With what quality was Leonidas endowed? What
    did this quality prompt him to do?   3

3   Quote from the passage the Latin which tells us that
    the Lacedaemonians did not carry out his wishes.   2

4 What caused Leonidas to draw up his men for
  battle? 2
5 What two pieces of unwelcome knowledge did the
  Lacedaemonians have? 2
6 How were the enemy eventually able to overcome
  the Lacedaemonians? 2
7 Translate *omnes ad unum* (ll.10–11) as idiomatically
  as you can. 1
8 How many examples of Indirect Statement can you
  find in the passage? 1

  _____
  15

(b) Labienus lures the Treveri into battle

Treveri Labienum aggredi parabant; iamque ab eo non longius
bidui via[1] aberant, cum cognoscunt duas legiones a Caesare
pervenisse. ubi castra posuerunt, auxilia Germanorum
exspectare constituunt. Labienus postquam hostium consilium
cognovit, contra eos proficiscitur et, mille passuum spatio ab 5
eis castra communit. erat inter Labienum atque hostem
flumen difficili transitu ripisque altis. hoc neque ipse transire
in animo habebat neque hostes transituros esse existimabat.
loquitur in consilio[2] palam, quoniam Germani appropinquare
dicantur, se non pugnaturum esse et postero die prima luce 10
castra moturum esse. celeriter haec ad hostes deferuntur.
Labienus magno strepitu et tumultu castra moveri iubet. his
rebus fugae similem profectionem effecit. vix agmen
novissimum[3] processerat, cum Galli flumen transire et
committere proelium non dubitant. 15

Caesar (adapted)

1 *bidui via* = a two days' march   2 *consilium* = council of war
3 *agmen novissimum* = rearguard

1 What news did the Treveri learn when they were
  only two days' march from Labienus' camp? 2
2 What decision did the Treveri then take? 2
3 What counter-action did Labienus take after learning
  of the Treveri's plan? 2

3

4   Describe the river between Labienus and the enemy.   2

5   *haec ad hostes deferuntur* (l.11). What news was
    reported to the Treveri?   2

6   *fugae similem profectionem effecit* (l.13). Describe
    how the Romans' departure gave the impression of
    flight.   2

7   What was the immediate reaction of the Gauls when
    the Roman rearguard moved off?   2

8   Write down from the passage the Indirect Statement
    in which you would translate the infinitive by 'had'.   1

    ————
    15

UNSEENS

Translate into English

*(c)   A slave tells Alexander that Orsines has looted treasure
from the tomb of Cyrus*

tum sepulchrum Cyri Alexander iussit aperiri. in eo erat
sepultum eius corpus, cui rex dare volebat honores. crediderat
auro argentoque sepulchrum repletum esse,[1] sed praeter
scutum eius et arcus duos Scythicos nihil invenit. sed rex ipse
amiculo[2] suo solium[3] velavit in quo corpus iacebat et coronam   5
auream imposuit ibi quod miratus est regem tanti nominis sine
thesauro[4] sepultum esse. proximus erat servus quidam, qui
regem intuens:[5] 'quam mirum,' inquit, 'est, inane[6] sepulchrum
esse regis, cum domus Orsinis aurum inde portatum capere
non possit.' ille antequam suspicabatur se accusari, in vincula   10
est traditus, sed Alexander servum intuens: 'audieram', inquit,
'feminas in Asia olim regnavisse; hoc vero novum est, servum
regnare.'   *Curtius (adapted)*

1 *repleo* = fill   2 *amiculum* = cloak
3 *solium* = coffin   4 *thesaurus* = treasure
5 *intueor* = look at   6 *inanis* = empty

(d)   The example of Pyrrhus does not deter Roman officers
from plundering the temple of Proserpina at Locri

fanum[1] Proserpinae est apud nos de cuius sanctitate credo
aliquam famam ad vos Pyrrhi bello venisse; ille, cum rediens
ex Sicilia Locros classe praetereveheretur,[2] thesauros
Proserpinae intactos ad eam diem spoliavit; atque ita, ubi
pecuniam in naves imposuit, terra ipse est profectus. classis   5
postero die maxima tempestate afflicta est, omnesque naves
quae sacram pecuniam ferebant in litora nostra eiectae sunt.
Pyrrhus tanta clade edoctus tandem deos esse, pecuniam
omnem in thesauros Proserpinae referri iussit. nec tamen
quidquam prosperi[3] illi umquam postea evenit, pulsusque   10
Italia ignobili atque inhonesta morte occubuit.[4] haec cum
legatus vester tribunique militum audivissent, nihilominus
sacrilegas manus intactis illius thesauris admovere ausi sunt.

Livy (adapted)

1 *fanum* = shrine   2 *praetervehor* = sail past
3 *quidquam prosperi* = any success   4 *occumbo* = meet

5

II INDIRECT COMMAND

In Latin after such verbs as **moneo**, **persuadeo**, **impero**, we often find <u>ut</u> and the <u>subjunctive</u>, which we translate by to in English.

e.g. *eum monuerunt ut festinaret.*

They warned him to hurry.

Since they really said to him, 'Hurry!', we call this construction Indirect (i.e. reported) Command.

If Latin wants to warn, persuade, order, encourage, etc., someone not to do something it uses ne and the **subjunctive**.

e.g. *nobis persuasit ne rediremus.*

He persuaded us not to return.

Note that two Latin verbs <u>iubeo</u> (order) and <u>veto</u> (order... not, forbid) are <u>followed by the infinitive.</u>

e.g. *nos vetuerunt in muro stare.*

They ordered / told } us not to stand on the wall.

COMPREHENSIONS

(a)   Cicero at first tries to escape from Italy, then resigns himself to his fate

M.Cicero, cum triumviri urbi iam appropinquarent, Roma discesserat quod pro certo habebat[1] milites Antonii se interfecturos esse. primo ad villam fugerat; inde ad oram profectus est et navem conscendit. sed cum venti adversi eum ad litus rettulissent, taedium[2] tandem et fugae et vitae eum   5
occupavit. itaque regressus ad villam, quae paulo plus mille passus a mari aberat, 'moriar', inquit, 'in patria quam saepe servavi.' servi eius fortiter ac fideliter eum defendere parati erant, sed ipse eis ut lecticam[3] deponerent et quiete fortunam iniquam[4] paterentur imperavit. haud multo post, dum ex   10
lectica cervicem praebet,[5] caput a militibus abscisum est.

6

manus quoque milites absciderunt. ita caput eius ad Antonium
relatum est, qui edixit[6] ut id in foro inter duas manus
ostenderetur; ibi enim Cicero eo ipso anno Antonium maxima
eloquentia condemnaverat.   *Seneca (adapted)*   15

1 *pro certo habeo* = be sure   2 *taedium* = weariness
3 *lectica* = litter   4 *iniquus* = cruel, unjust
5 *cervicem praebeo* = stretch out 6 *edico* = decree
  one's neck

1 Why did Cicero leave Rome? What in particular did
   he fear?   3
2 List his next three actions.   3
3 What incident made Cicero abandon hope, and how
   is Cicero's despondency suggested?   2
4 How far was his villa from the sea?   1
5 What declaration did he then make?   2
6 How did his slaves react?   2
7 What happened to his head and hands after they
   were cut off?   2
8 Why should Antony have experienced a particular
   feeling of revenge?   2
9 Quote from the passage in Latin an example of
   (a) Indirect Command, (b) Indirect Statement.   2
10 In the heading you see the words 'resigns himself to
   his fate'. From the passage quote the Latin you feel
   corresponds most closely to these words.   1
                                                              ──
                                                              20

(b) Caesar versus the pirates
Iulius Caesar, adulescens iter facere constituit Rhodum ubi
habitabat philosophus a quo litteras Graecas discere voluit.
dum hieme Rhodum navigat, piratae ubi navem oppugnaverunt,
illum ad insulam quandam adduxerunt. ibi dux piratarum ab
illo postulavit[1] ut multum pecuniae sibi daret. ille igitur   5
promisit se servum ad amicos missurum esse et pecuniam
reducturum esse. postquam servum dimisit, Caesar nihil
sollicitus[2] plurimos dies in insula mansit. per idem tempus
piratae saepe declarabant servum redire non ausurum esse et

se illum occisuros esse. his ille nihil dixit aliud quam hoc: 10
'mox vos omnes puniam.' ridebant illum piratae quod
captivum sic loquentem numquam antea audiverant. sed
Caesar liberatus est atque de piratis supplicium celeriter
sumpsit.³   *Suetonius (adapted)*

1 *postulo* = demand   2 *sollicitus* = worried
3 *supplicium sumo de* + abl. = inflict punishment on

1 Where did Caesar plan to travel to?   1
2 What was his reason for travelling to this place?   2
3 What time of year did he make this journey?   1
4 What did the pirate chief demand from Caesar?   2
5 How did Caesar promise to fulfil this demand?   2
6 What threatening remarks did the pirates frequently
   make to Caesar?   3
7 *nihil dixit aliud quam hoc* (l.10). What was Caesar's
   sole reply to the pirates' threat?   1
8 Why did the pirates laugh at Caesar?   2
9 Quote from the passage in Latin an example of
   Indirect Command.   1
                                                               ‑‑‑
                                                               15

UNSEENS

Translate into English
*(c) Antius Restio, who has been proscribed by the triumvirs,
is saved by the devotion and cunning of a slave whom he has
treated very badly*
Antius Restio a triumviris proscriptus est; cum igitur omnes
domesticos domum suam praedari¹ vidisset, nocte fugit.
servus quidam, qui ab eo in vincula coniectus litterisque
inustus erat,² eum furtim³ discedentem conspexit; vestigia
tamen domini subsecutus, comes fugae cum eo libenter⁴ ibat;   5
negavit enim se ullum praemium cupere nisi salutem domini a
quo tam graviter punitus erat. praeterea maximo in periculo
sollertia⁵ mira usus est atque dominum servare poterat. nam

ubi milites non longe aberant, dominum monuit ut se celaret,
tum rogum⁶ exstruxit, ibique mendicum⁷ quem occiderat 10
imposuit. deinde militibus, qui Antium quaerebant, dixit illum
in rogo uri. itaque milites Antium non diutius quaerebant
quod servo credebant.   *Pliny (adapted)*

1 *praedor* = loot	2. *litteris inuro* = brand
3 *furtim* = stealthily	4 *libenter* = willingly
5 *sollertia* = cunning	6 *rogus* = funeral pyre
7 *mendicus* = beggar	

*(d)   Verres acts in keeping with his character by beating and
crucifying a Roman citizen*

iam Verres in forum Messanae cum duobus lictoribus venerat.
'ubi sunt' inquit, 'virgae?'¹ statim magni clamores a civibus
sublati sunt.² 'estne hoc ius civium Romanorum? audebitne
civem Romanum verberare Verres?' 'nolite morari', inquit
praetor qui extemplo imperavit ut Gaius exueretur³ ac in 5
medio foro vinciretur. 'nolite me verberare' exclamavit Gaius,
vir miserrimus. 'quid sceleris admisi?⁴ nonne ego civis
Romanus? pro certo habeo vos non posse sceleris ullius me
damnare.' frustra; nullus gemitus, nulla vox alia inter dolorem
sonitumque plagarum⁵ audiebatur nisi haec; 'civis Romanus 10
sum'. Gaius enim commemoratione⁶ civitatis arbitrabatur se
omnia verbera depulsurum cruciatumque⁷ corpore deiecturum.
is non modo non hoc perfecit, sed cum saepius imploraret,
crux infelici et misero parabatur.   *Cicero (adapted)*

1 *virga* = rod	2 *clamorem tollo* = raise a shout
3 *exuo* = strip	4 *scelus admitto* = commit a crime
5 *plaga* = blow	6 *commemoratio* = the mention of
7 *cruciatus* = torture	

Caution
You will find that such verbs as **moneo, persuadeo,** etc. may
be followed by **ut (ne) + the subjunctive** or **Accusative +
Infinitive,** depending on what meaning the Latin wishes to
convey:
e.g. *viator nos monuit periculosum esse turrem ascendere.*

The traveller warned us that it was dangerous to climb the tower.

viator nos monuit ne turrem ascenderemus.

The traveller warned us not to climb the tower.

III INDIRECT QUESTION
and Linking (Connecting) Relative

In Latin after such verbs as scio, video, audio, rogo, etc., we often find cur, quis, quid, quando, etc. with the subjunctive·
e.g. *miles sensit quid accidisset.*

The soldier realised what had happened.

nesciebamus quare canerent.

We did not know why they were singing.

When this happens we translate the Latin straight, and ignore the subjunctive. Since Latin often reports a question with this construction we call it Indirect (reported) Question.

Sometimes we find an Indirect Question introduced by num = if, or utrum ... an (necne) = if ... or (not).

COMPREHENSIONS

(a)   Trimalchio plays a trick on his dinner guests
Trimalchio ubi in triclinium intravit, porcum in mensa
iacentem vidit. attonitus servis imperavit ut coquum vocarent.
cum ille ad mensam constitisset, est rogatus cur porcum non
exinteravisset;[1] tristis coquus respondit se oblitum esse.[2] his
verbis Trimalchio incensus imperavit ut coquus despoliaretur.[3]   5
ille igitur sine mora despoliatus est ac inter duos tortores[4]
maestus stetit. omnes cenantes postulare coeperunt ut
Trimalchio veniam ei daret. itaque Trimalchio qui vultum in
hilaritatem relaxavit, 'ergo' inquit, 'quia tam malae memoriae
es, palam nobis illum exintera.' coquus statim cultrum   10
arripuit et ventrem porci timida manu secuit. ecce! tomacula
cum botulis[5] ex porci ventre effusa sunt.

Petronius (adapted)

1 *exintero* = disembowel   2 *obliviscor* = forget
3 *despolio* = strip   4 *tortor* = torturer
5 *tomacula cum botulis* = sausages with black puddings

1 What did Trimalchio see on the dining table? 1
2 What was his immediate reaction? 1
3 What question did he ask the cook? 2
4 What effect did the cook's reply have on Trimalchio? 2
5 Did the dinner guests side with Trimalchio or the cook? Quote from the passage the Latin which supports your answer. 2
6 What surprise did the cook get? What do you suppose the guests were expecting would happen to him? 3
7 What surprise was in store for the guests? 2
8 From the passage quote (a) an Indirect Question, (b) the Latin which could be freely translated, 'he broke into a wide grin'. 2

15

(b) The Lucanians are tricked into transferring their allegiance from the Romans to the Samnites

exercitus Romanus Tarentum iam appropinquabat; Tarentini
igitur cum sperarent se Lucanis persuadere posse ut societatem
Romanorum abolerent,[1] eos decipere constituerunt. itaque
iuvenes quosdam nobiles Lucanorum pecunia corruperunt.
illi, cum inter se virgis ipsi mulcavissent[2], corpora sua civibus 5
ostenderunt; exclamaverunt quoque se, quod castra
Romanorum intrare ausi essent, a consulibus virgis mulcatos
ac paene interfectos esse. Lucani igitur irati magno clamore
magistratus coegerunt senatum vocare; alii bellum in Romanos
poscebant, alii discurrebant et cives in arma vocabant. denique 10
cum societatem renovare cum Samnitibus constituissent,
legatos miserunt; coacti a Samnitibus obsides dare et praesidia
in loca munita accipere, ob iram nihil recusaverunt.[3] postea
quamquam senserunt se deceptos esse, nihil facere poterant.

Livy (adapted)

1 *aboleo* = end   2 *inter se mulcare* = to beat each
3 *recuso* = refuse   other

12

1 What did the Tarentines hope to do to the
   Lucanians?   2
2 Why did some young Lucanian nobles help them?   2
3 What did these young men allege had happened to
   them, and what reason did they give?   4
4 Apart from the convening of the senate, what other
   active signs were there of the Lucanian reaction to
   what the young nobles had said?   3
5 After deciding to form an alliance with the
   Samnites, what was the Lucanians' next step?   1
6 What steps did the Samnites now take? Quote the
   Latin word which suggests that the Lucanians by
   now were reluctant partners in this alliance.   3
7 Despite this reluctance why did the Lucanians agree
   to the demands of the Samnites?   1
8. Give a meaning of *cogo* other than the one it has in
   this passage.   1
9 (a) How many Indirect Statements can you find in
   this passage? (b) Write down in Latin an example of   1
   Indirect Command.   1
10 Quote from the passage, the Latin which might be
   very freely translated 'their hands were tied'.   1
                                                                 ──
                                                                 20

UNSEENS

Translate into English

(c) A dumb boy finds his voice in a moment of danger
filius Croesi, regis Lydiae, cum[1] iam per aetatem loqui posset,
infans erat; et cum iam multum adolevisset, item[2] nihil loqui
poterat; adeo mutus et elinguis diu habitus est.[3] postquam
autem pater eius in bello victus est et urbs ad quam minima
cum parte copiarum confugerat, est capta, miles quidam   5
nescius quis esset eum invadere conabatur. puer igitur os
aperuit clamare nitens,[4] eoque nisu atque impetu spiritus[5]
vitium[6] ac impedimentum linguae rupit; clare et articulate

13

elocutus est, clamans in militem ne patrem regem Croesum
occideret. ille attonitus gladium reduxit ac Croesum imploravit   10
ut sibi ignosceret. sic rex vita donatus est et filius deinceps[7]
loqui poterat.   *Gellius (adapted)*

1 *cum* here = although   2 *item* = in the same way
3 *habeor* = be considered   4 *nitor* = strive
5 *spiritus* = breath   6 *vitium* = defect
7 *deinceps* = henceforward

*(d)   Cyrus employs a new-style cavalry against Croesus, king
of Lydia*
iam Cyrus ubi Lydios ad proelium paratos vidit, equites eorum
veritus hoc consilium capit. milites quosdam in camelos
imposuit; deinde eis imperavit ut pro reliquo exercitu ad
Croesi equites procederent, peditibus ut camelos sequerentur.
eos contra illius equitatum misit ob hanc rem; equi camelos   5
propter faciem[1] ac odorem timent. postquam igitur proelium
commissum est, ei qui camelis vehebantur impetum statim
fecerunt in hostium equites cum circum regem instructi essent.
itaque equi simulac camelos odorati sunt refugere conati sunt.
Lydii tamen ut senserunt quid rei esset,[2] de equis desiluerunt   10
atque cum militibus Cyri comminus[3] pugnaverunt pedites.
tandem ubi multi utrimque occisi sunt, Lydii sunt fusi.[4]

                                              Justin (adapted)

1 *facies* = appearance   2 *quid rei esset* = what the matter was
3 *comminus* = at close quarters   4 *fundo* = rout

Note: In Latin **qui, quae, quod** is often used at the beginning
of a sentence to refer to something or somebody or some
action mentioned in the previous sentence. We translate it as
if it were **hic, is,** or **ille**:

e.g. *quos ubi vidit*   when he saw **them**
       quod postquam audiverunt   after they heard **this**
       quibus telis vulneratus   wounded by **these** weapons
       qui cum rediissent   when **they** returned
       quo ubi pervenimus   when we arrived **there**

       qua in urbe   in $\begin{Bmatrix} \text{this} \\ \text{that} \end{Bmatrix}$ city

14

IV ABLATIVE ABSOLUTE

1 In Latin a noun or pronoun in the ablative case is often used with a participle to express the idea of time (when, after) cause (since, as) or concession (although). We call this an Ablative Absolute.

e.g. *urbe capta, Romani se receperunt.*

When
After ⎫
Since ⎬ the city had been captured, the Romans retreated.
Although ⎭

We often translate an Ablative Absolute by making it into a principal clause:

e.g. The city was captured and . . . .

or The Romans captured the city and . . . .

2 The perfect participle is the participle most commonly found in this construction, but the present participle frequently occurs to express time:

e.g. *me in silva ambulante domus incensa est.*

While I was walking in the wood, the house was burned.

COMPREHENSIONS

(a)   Caesar captures Noviodunum and prepares to attack Avaricum

Caesar ubi equitatum iussit e castris educi proelium equestre commisit. suis iam laborantibus Germanos equites circiter cccc submittit quos ab initio habere secum constituerat. quorum impetum Galli sustinere non poterant ac multis amissis in fugam coniecti sunt; magno tumultu ac pavore se ad   5 suum agmen receperunt. quibus profligatis[1] incolae Novioduni eos comprehenderunt qui plebei persuaserunt ut arma caperet atque perterriti se Caesari dediderunt. quibus rebus confectis

Caesar ad oppidum Avaricum est profectus quod erat
maximum munitissimumque in finibus Biturigum atque agri   10
fertilissima regione; sperabat enim eo oppido recepto se
totam civitatem in potestatem redacturum esse.[2]   *Caesar*

1 *profligo* = rout   2 *in potestatem redigo* = bring
                                                   under one's control

1   What order did Caesar give the cavalry?   1
2   How many German cavalry did Caesar have?   1
3   Quote the Latin which tells us that Caesar placed
     great importance on this cavalry force.   2
4   Describe the Gauls' flight.   2
5   What action did the inhabitants of Noviodunum take
     to placate Caesar?   3
6   Where was Avaricum? Give two other facts we are
     told about this town.   3
7   *eo oppido recepto* (l.11). What did Caesar hope this
     action would achieve?   2
8   From the passage quote in Latin two examples each
     of (a) a Linking Relative (b) an Ablative Absolute.   4
9   Quote the Latin from the passage for 'after suffering
     heavy casualties'.   1
10   How many examples of an Indirect Command can
     you find in this passage?   1
                                                        ―
                                                     20

(b)   Aristides finds his 'nickname' a disadvantage
cives Athenienses, igitur, omnibus e partibus in urbem
congressi, Aristidem sine mora expéllere constituerunt cum
opinioni[1] eius inviderent. homo quidam illiteratus dicitur
Aristidi tabellam[2] tradidisse (non enim sensit quis esset) et
petivisse ut in ea 'Aristides' scriberet. ille miratus rogavit num   5
quid ei Aristides nocuisset. alter 'nihil', inquit, 'laesit ille'.
tum ille iterum quaesivit cur Aristidem expellere vellet. alter
respondit se Aristidem non novisse, sed moleste ferre[3] illum
semper appellari iustum. quo audito Aristides non respondit,
sed suo nomine inscripto tabellam reddidit. ille autem ubi ex   10

16

urbe discedebat, manibus ad caelum sublatis precatus est nihil
incommodi⁴ Atheniensibus fore quod populum cogeret
Aristidis meminisse.   *Nepos*

1 *opinio* = reputation   2 *tabella* = voting tablet
3 *moleste fero* = be annoyed   4 *incommodum* = disaster

1   What did envy for Aristides' reputation prompt the
    Athenians to do?   2
2   What are we told about the man who handed his
    voting tablet to Aristides, and what did he ask him
    to do?   3
3   What was Aristides' reaction to this request?   1
4   What question did Aristides then ask the stranger?   2
5   What answer did the stranger give Aristides?   1
6   *tum ille iterum quaesivit* (l.7). What was the curious
    reply to this question?   3
7   What did Aristides do before he handed back the
    tablet?   1
8   What gesture did Aristides make while praying?   2
9   From the content of his prayer, what do you think
    Aristides thought of himself?   2
10 Quote in Latin from the passage an example of
    (a) Ablative Absolute (b) Indirect Question
    (c) Indirect Command.   3
                                                                ––
                                                                20

UNSEENS

Translate into English
(c)   A muleteer hoodwinks Alexander
Alexander, Macedonum rex oraculo monitus est ut eum qui
sibi postridie ex porta egresso primus obviam venisset,
interfici iuberet. itaque asinarium qui forte ei ante omnes
alios occurrit, sine mora comprehendi et ad mortem duci
iussit; sic enim sperabat se monitum oraculi perfecturum esse.   5
asinarius autem quaerebat cur rex se innocentem tanto

supplicio[1] puniret. Alexander igitur illum certiorem fecit quid
oraculum monuisset. tum ille, 'si ita est', inquit, 'alius huic
morti destinatus est; nam asinus quem ante me agebam, prior
tibi occurrit. quibus dictis et sollertia asinarii Alexander   10
delectatus est et morte asini iussum oraculi perfecit.

Curtius

1 *supplicium* = punishment

*(d) Pharnabazus tricks Lysander into taking a scroll which
contains incriminating evidence against him*
cum Lysander praefectus[1] classis in bello mul ta crudeliter
fecisset et de eis rebus suspicaretur nuntium ad cives suos
missum esse, a Pharnabazo petivit ut ad ephoros[2] sibi
testimonium daret quanta sanctitate[3] bellum gessisset
sociosque tractavisset.[4] huic ille liberaliter pollicetur; librum[5]   5
grandem verbis multis conscripsit, in quibus summa laude
eum ornat. quem cum hic legisset probavissetque, dum
signatur,[6] Pharnabazus alterum eadem magnitudine ac specie[7]
subiecit[8] in quo accuratissime eius crudelitatem accusaverat.
Lysander cum domum rediisset, ephoris librum a Pharnabazo   10
datum testimonii loco[9] tradidit. hunc cum illi, Lysandro
remoto, legissent, ipsi ostenderunt. ita ille imprudens ipse
suus fuit accusator.   *Nepos (adapted)*

1 *praefectus* = commander	2 *ephorus* = magistrate
3 *quanta sanctitate* = showing with what great honour	4 *tracto* = treat
5 *liber* here = scroll	6 *signo* = seal
7 *species* = appearance	8 *subicio* = substitute
9 *loco* = in place of, as	

V OTHER USES OF PARTICIPLES

1 In Latin the **perfect participle** is often used in the nominative and accusative case.

e.g. *puellae laudatae domum redierunt.*

> The girls were praised and returned home.

malum emptum edi.

> I bought the apple and ate it.

Note the pattern of these two examples.

(i) If the **perfect participle** is **nominative**, translate by a **passive main verb**.

(ii) If the **perfect participle** is **accusative**, translate by an active main verb.

2 Remember that the **perfect participle** of a **deponent verb** is **active** in meaning.

e.g. *egressus e silva ad fundum festinavit.*

> He left the wood and hurried to the farm.

3 In Latin we can sometimes translate the **present participle** by a noun or **relative clause**.

e.g. *natantes spectabam.*

> I watched the swimmers (those who were swimming).

clamores audientium.

> The shouts of the audience (those who were listening).

4 Latin uses the **future participle** with **sum** or **eram** to mean: **going to** or **intending to**.

e.g. *ad urbem redituri erant.*

> They were intending to return to the city.

COMPREHENSIONS

(a) True love

Theodosius vir potens sed imprudens qui tres filias pulchras

habebat in civitate Romana regnavit. olim filiam natu
maximam rogavit quantum se diligeret.[1] at illa statim
respondit se eum diligere plus quam se ipsam, maxime elatus
pater statim eam in matrimonium dedit cuidam regi diviti et   5
potenti. deinde ad secundam filiam venit et rogavit quantus
esset eius amor suo patri. at haec filia dixit se eum semper
dilexisse sicut se ipsam. quod cum dixisset, hanc quoque
laudatam duci nobilissimo uxorem dedit. ubi tandem ad
filiam natu minimam venit, eam eodem modo interrogavit.   10
quo facto, eius filia respondit. 'tantum te diligo quantum
debeo, neque plus neque minus.' maxime iratus, Theodosius
quendam pauperem iussit eam in matrimonium ducere et eos
ex urbe expulit. sed postea in rebus adversis intellexit se per
duas alias deceptum esse.   15

The Gesta Romanorum (adapted)

1 *diligo* = love

1 What are we told about Theodosius in the first
   sentence apart from the fact that he had three
   beautiful daughters?   3
2 Which daughter did he question first?   1
3 What was this daughter's reply?   2
4 How did Theodosius reward this daughter?   2
5 How does the second daughter's reply compare
   with that of the first?   2
6 How does the youngest daughter's reply compare
   with that of her elder sisters?   2
7 What effect did her reply have on Theodosius, and
   how did he treat her?   3
8 Which daughter did later events show the most
   loving?   1
9 Quote from the passage, in Latin, one example of
   (a) Ablative Absolute (b) Indirect Statement
   (c) Indirect Question.   3
10 Quote from the passage the Latin for 'in a time of
   misfortune'.   1

—
20

(b)   Strange children!

olim puer quidam et eius soror prope magnam cavernam sunt
inventi. forma quidem erant ceterorum hominum similes, sed
dissimiles colore pellis[1] quae viridem habebat colorem. ad
regiam principis adducti multas lacrimas effundebant;
volebant enim neque dicere qui essent nec cibum in mensam   5
positum edere. tandem ubi nonnullas fabas[2] viderunt, signis
petiverunt ut eae sibi darentur. quas magno cum gaudio
ederunt neque ullum alium cibum diu edere volebant. puer
tamen qui semper erat languidus et tristis, tandem mortuus
est. puella, fratre sepulto, ubi de patria rogata est, respondit   10
eius incolas viridi colore esse neque ullum solem videre; eos
autem illam lucem solam habere quae post solem occidentem
videri soleret. 'meus pater,' inquit, 'mihi fratrique imperavit
ut boves ad agros ageremus cum sonum tintinnabulorum[3]
audivimus; quo sono adducti per magnam cavernam diu   15
erravimus sed nullum tintinnabulum invenimus. tandem ubi e
caverna exiimus, nesciimus ubi essemus et magno vestri solis
calore obstupefacti facile capti sumus.'

1 *pellis* = skin   2 *faba* = bean
3 *tintinnabulum* = bell

1 In what way did the children (a) resemble, (b) differ
   from human beings?   2
2 *volebant neque* ... (l.5). What two things were the
   children unwilling to do?   2
3 How did they react to the sight of the beans?   2
4 Quote in Latin the two words which suggest the
   cause of the boy's death.   2
5 What light did the girl say her people had?   2
6 What had their father ordered the children to do?   2
7 What did they do when they heard the sound of
   bells?   2
8 Why were they easily captured?   2
9 Quote in Latin from the passage an example of
   (a) Ablative Absolute (b) Indirect Question
   (c) Linking Relative.   3

10 Quote from the passage the Latin which might be
    very freely translated, 'they scoffed them with great
    gusto'.   1

                                                              20

UNSEENS

Translate into English

(c)   The city of Gabii is betrayed to Tarquin

Tarquinius cum intellexisset se urbem Gabios vi capere non
posse, dolo[1] uti constituit. Sexto filio imperavit ut Gabios
iret et simularet[2] se propter patris crudelitatem fugisse. itaque
Sextus, bene ab Gabinis exceptus,[3] paulo post dux belli
creatus est. mox militibus carus factus est et potentior Gabiis   5
quam pater Romae. tum nuntius Romam missus Tarquinium
rogavit quid iam fieri vellet. cui rex nihil respondit, sed in
hortum exiit. ibi, tacitus ambulans, nuntio filii sequente,
capita papaverum[4] altissima baculo decussit. tandem nuntius,
nullo responso dato, Gabios rediit et nuntiavit quid ipse   10
dixisset et vidisset. Sextus tamen intellexit quid pater vellet;
alios enim ex principibus Gabiorum in vincula coniectos clam[5]
interfecit, alios in exsilium misit. itaque urbs Gabii Tarquinio
sine ullo proelio tradita est.

1 *dolus* = treachery		2 *simulo* = pretend
3 *excipio* = receive		4 *papaver* = poppy
5 *clam* = secretly		

*(d)   Androcles explains why the lion did not attack him in
the arena*

'cum provinciam Africam meus dominus obtineret,[1] ego
verberibus[2] eius ad fugam sum coactus et ad locum desertum
fugi ubi in specu[3] quodam latebam. neque multo post ad
eundem specum venit hic leo uno pede debili et cruento,[4]
gemitus[5] edens. primo magnopere sum perterritus, sed leo   5
mitis[6] accessit et sublatum pedem mihi ostendit et opem
petere visus est. ille tunc levatus,[7] pede in meis manibus
posito, recubuit atque ex eo die triennium[8] totum ego et leo
in eodem specu viximus. sed tandem ubi specum reliqueram,

22

a militibus comprehensus ad dominum ex Africa Romam   10
deductus sum. ille me ad bestias in circum misit. intellego
autem hunc leonem gratias nunc beneficii agere.' quibus
dictis Androclus poena solutus est. postea Androclus et leo,
loro[9] vinctus, circum tabernas ibant: donabatur aere
Androclus, floribus spargebatur leo.   *Gellius*   15

1 *obtineo* = control   2 *verber* = blow, beating
3 *specus* = cave   4 *cruentus* = bloodstained
5 *gemitus* = groan   6 *mitis* = gently
7 *levo* = treat, soothe   8 *triennium* = three years
9 *lorum* = a lead (for an animal)

VI PURPOSE

(Same for indirect command)
Have come – recent past + pres subj
came – imperfect subj

1   In Latin we find that the **purpose** of an action is often
shown by ut and the subjunctive.

pos ut
neg ne

e.g. *veniet ut reginam videat.*

He will come **to** see the queen.

As with the Indirect Command, you will find that ut can
often be translated by **to**... You can also use such a phrase as,
in order that or **in order to**.

If **ne** is used, we can often translate by **in case, to avoid, to prevent**.

e.g. *in silva latebamus ne caperemur.*

We hid in the wood $\left\{ \begin{array}{l} \text{in case we} \left\{ \begin{array}{l} \text{might be} \\ \text{were} \end{array} \right. \text{captured.} \\ \text{to avoid being captured.} \end{array} \right.$

2   Sometimes **quo** is used instead of ut, and you will find
in such cases there is a **comparative adjective or adverb**
present. You can still translate by **to**...

e.g. *collem ascenderunt quo facilius vallem viderent.*

They climbed the hill to see the valley more easily.

3   Sometimes **qui, quae, quod** is used instead of ut.

e.g. *nuntium misit qui regem certiorem faceret.*

He sent a messenger to inform the king.

gladium ei dedimus quo uteretur.

We gave him a sword to use.

4   Note that in **Purpose, Indirect Command** and **Indirect
Question**, se meaning him, her, or them is often used referring
back to the subject of the main verb.

e.g. *hoc fecit ut se laudaremus.*

He did this that we might praise **him**.

Caution:

Remember ut + indicative means **when** or **as**.

24

COMPREHENSIONS

(a)   Death of Nero (Part I)

Nero ubi cognovit stationem militum discessisse prosiluit e
lecto misitque circum amicos; quia nihil a quoquam
renuntiabatur, ipse cum paucis hospitia¹ singulorum adiit.   *adivit*
clausis omnium ianuis, nullo respondente, in cubiculum rediit
unde iam et custodes diffugerant, pyxide² veneni remota.   5
statim Spiculum murmillonem³ qui se occideret arcessivit,
sed inveniri non poterat. 'ergo ego' inquit, 'nec amicum habeo
nec inimicum,' procurritque quasi⁴ praecipitaturus in Tiberim.
Phaonte autem liberto offerente villam suburbanam, ut erat,
nudo pede et tunicatus, togam obsoleti coloris, superinduit,   10
capite celato, ne agnosceretur, equum conscendit quattuor
cum comitibus. statim perterritus tremore terrae et fulgore
viatorem⁵ quendam audiit dicentem, 'hi exeunt ut Neronem
capiant'. equo tamen odore corporis in via iacentis perterrito,
facie detecta agnitus est.   *Suetonius (adapted)*   15

1 *hospitium* = room, chamber   2 *pyxis* = box
3 *murmillo* = gladiator   4 *quasi* = as if
5 *viator* = passer-by

1	Why did Nero leap out of bed?	2
2	What did he find when he visited the rooms of his friends?	3
3	What did the box removed from his room contain? Why was the loss of this box significant?	2
4	Why did he send for Spiculus?	2
5	What did Phaon's offer of help stop him from doing and what was the offer?	2
6	Give three details of Nero's appearance as he mounted his horse.	3
7	What omens greeted him as he started his journey?	2
8	Describe how his features were revealed and recognised.	2
9	Quote in Latin two examples of Purpose from this passage.	2

           —
          20

25

(b) The death of Nero (Part II)

ubi ad deverticulum[1] venerunt, equis dimissis ad aversum[2]
villae murum circumiit. quam iniit ac in proxima cella
decubuit super lectum. tum sepulchrum ante se fieri iussit,
flens atque identidem[3] dictitans, 'qualis artifex pereo'. inter
moras litteras a Phaonte perlatas praeripuit legitque se hostem   5
a senatu iudicatum et quaeri ut puniatur more maiorum;
interrogavit quale id genus esset poenae. cum cognovisset
cervicem nudi hominis furcae[4] imponi, corpus virgis ad necem
verberari, perterritus duos pugiones[5] arripuit ut aciem[6] utrius
temptaret; rursus deposuit dicens fatalem horam nondum   10
adesse. iamque equites appropinquabant ut eum vivum
adtraherent. quibus auditis ferrum iugulo adegit iuvante
Epaphrodito a libellis.[7] semianimis centurioni irrumpenti non
aliud respondit quam, 'sero'.   *Suetonius (adapted)*

1 *deverticulum* = side path   2 *aversus* = back
3 *identidem* = repeatedly   4 *furca* = wooden fork
5 *pugio* = dagger   6 *acies* = edge
7 *a libellis* = private secretary

1 What was Nero's first action on entering the villa?   2
2 What order did he then give?   2
3 What famous remark did he make while he watched
   this order being carried out, and what was his mood
   as he said it?   3
4 What details are we given of the traditional (*more
   maiorum*) punishment decreed by the senate?   3
5 How did Nero learn of the senate's decision?   1
6 Why did Nero lay down his daggers?   2
7 What did Nero do on hearing the approaching
   horseman and who helped him?   2
8 What remark did he make as the centurion burst in?   2
9 From the passage quote in Latin one example of
   (a) Indirect Question (b) Purpose (c) Linking
   Relative.   3

                                                    20

26

UNSEENS

Translate into English

*(c)   A traveller in India in early times describes his
encounters with wild beasts*

sed tandem illi Indi propter timorem se celaverunt. tum in
magnum flumen misi ducentos milites cum levibus armis. iam
quartam partem fluminis nataverant ubi subito nova causa
terroris nobis apparuit. vidimus venire de profundo aquarum
hippopotamos qui fortiores sunt elephantis. nobis spectantibus   5
et flentibus ipsos manducaverunt[1] milites quos in flumen
miseramus. tum vero iratus contra eos qui nos per talia loca
ducebant, imperavi ut centum ex eis in ipsum flumen
deicerentur. deinde coeperunt exire e flumine hippopotami
sicut formicae[2] ut et illos devorarent. sed ne forte cum eisdem   10
animalibus pugnaremus, ex illo loco nos celeriter movimus.
totam noctem ambulavimus et occurrebant nobis leones et
tigres. postridie cum iam defessi essemus, circiter meridiem
pervenimus ad locum cum aqua dulcissima.

1 *manduco* = devour   2 *formica* = ant

(d)   London is burning

prima luce nonnullae ancillae in meum cubiculum ruerunt
quae mihi dicerent Londinium ardere. statim e lecto prosilui
ac ad proximam fenestram cucurri ut cognoscerem quid
accideret; sed ratus incendium adhuc procul abesse rursus
cubitum ivi ac aliquot horas aequo animo[1] dormivi. secunda   5
fere hora experrectus[2] de fenestra rursus aspexi ut comperirem
num incendium propius accessisset. ancilla quaedam me
certiorem fecit se audivisse plus trecentas domus incensas esse.
statim igitur ad flumen contendere constitui quo facilius
cognoscerem quantum periculi nobis immineret. ubique cives   10
vel bona removebant ad salutem vel ea in flumen coniciebant.
columbae etiam miserae prope nidos[3] manebant ac alis[4]
incensis mortuae decidebant. tum sensi mihi necesse esse
totam familiam e somno excitare, mea quam plurima colligere,[5]
ut salutem peteremus omnes.   15

1 *aequo animo* = calmly 2 *expergiscor (experrectus)* =
3 *nidus* = nest waken
5 *colligo* = collect 4 *ala* = wing

Note:

In Latin you will sometimes find along with an Indirect Statement, Indirect Question, Indirect Command or Purpose clause, another subordinate clause with its verb in the subjunctive. This is often a sign that the clause was part of the direct speech, and you can ignore the subjunctive in your translation.

e.g. in passage (b) on p. 3 *dicantur* (l.10) is translated exactly as if it were *dicuntur*.

You can call this a Sub Oblique Subjunctive or a Subjunctive in a Subordinate Clause in Indirect Speech.

VII RESULT

1   In Latin we find that the **result** of an action is shown
by ut + the subjunctive.

e.g. *tam sapiens est ut omnes ei fidant.*

   He is so wise that everyone trusts him.

   puer totiens mentitus est ut nemo ei crederet.

   The boy told so many lies that no one believed him.

You will find that **ut** is often preceded by such words as **tam,
tantus, tot, talis, totiens,** so that it is very easy to distinguish
this use of ut from Purpose or Indirect Command.

   Translate the t— word, ut + subjunctive by **so ... that.**

   Sometimes instead of a t— word, you will find **ita** or **adeo.**

e.g. *adeo irascebatur ut omnes eum vereremur.*

   He was so angry that we all feared him.

2   Note two other differences from Indirect Command and
Purpose: (a) the negative is **ut non, ut nemo,** etc. (b) a **perfect
subjunctive** can be used.

COMPREHENSIONS

(a)   Thebe schemes a dastardly crime

Thebe crudelitatem mariti adeo oderat ut eum auxilio fratrum
numero trium interficere constituerit. quamquam vero vigiles
in inferiore domus parte excubias agebant,[1] cubiculum in quo
is dormiebat, in superiore parte situm erat. canis autem ante
id custodiebat tam ferox ut omnibus terrorem iniceret nisi   5
Thebei ipsi ac uni servorum qui alebat. ea igitur cum coniugem
noctu occidere in animo haberet, fratres totum per diem in
casa quadam haud procul a domo sita abdebat vetitos interdiu[2]
exire ne maritus suspicaretur. sed nocte ubi eum servum iussit
marito inscio canem clam abducere, ipsa in mariti cubiculum   10
ingressa gladium abstulit quem is strictum et paratum prope

cubile tenebat. fratres media fere nocte ingressi sunt pugiones in manibus tenentes. Thebe igitur spectante illi maritum ita retinebant ut clamorem non tolleret atque eum obtruncaverunt.

Eutropius

1 *excubias ago* = keep watch   2 *interdiu* = during the day

1 Why did Thebe wish to kill her husband?   2
2 How many accomplices did she have?   1
3 Where was her husband's bedroom?   1
4 Who guarded her husband's room? What general
   effect did this guard have on everyone else? Who
   were the exceptions?   4
5 Before Thebe entered her husband's room on the
   fateful night, what prior steps had she taken
   regarding her accomplices?   3
6 How did she make sure her husband was defenceless
   after entering his room?   2
7 When did her accomplices enter the room and what
   arms did they have?   2
8 Why did her husband not raise the alarm?   2
9 Does *constituerit* (l.2) express Purpose, Indirect
   Command or Result? Give a reason for your answer.   2
10 Translate *Thebe spectante* (l.13) as idiomatically as
   you can.   1
                                                                            ──
                                                                            20

(b)   The dangers of a cold dip, and suspicions about a doctor
Alexander cum Tarsum venisset amoenitate[1] Cydni fluminis
per mediam urbem fluentis captus est. itaque armis depositis
in frigidam aquam se iniecit. subito tantus rigor eius membra[2]
occupavit ut nulla spes esset remedium inveniri posse. erat
medicus nomine Philippus qui solus remedium pollicitus est.   5
sed epistula Parmenionis pridie accepta eum suspectum
faciebat. nam ille qui de Alexandri infirmitate nesciebat, eum
monuit ut medicum Philippum caveret quod ingenti pecunia
a Dario corruptus esset. Alexander tamen ratus est tutius esse
se committere dubiae fidei medici potius quam morbo perire.   10

accepto igitur poculo³ epistolam medico tradidit atque dum medicamentum bibit, oculos in vultum legentis fixit. ut eum securum⁴ vidit, laetior factus est sanitatemque quarto die recepit.   *Curtius (adapted)*

1 *amoenitas* = charm   2 *membrum* = limb
3 *poculum* = cup   4 *securus* = untroubled

1 What other facts are we told about the river Cydnus
  apart from its charm?   2
2 What effect did the river's charm have on Alexander?   2
3 How serious was the illness which suddenly afflicted
  him?   2
4 What warning did Parmenio give Alexander about
  Philip the doctor?   2
5 What dilemma faced Alexander? Which solution did
  he take?   3
6 Describe in your own words Alexander's actions
  after taking the cup of medicine.   3
7 Why did Alexander become *laetior*?   2
8 When did Alexander recover from his illness?   1
9 Quote from the passage in Latin an example of
  (a) Result (b) Ablative Absolute.   2
10 What insight does this passage give you into
  Alexander's character?   1
                                                          ——
                                                          20

UNSEENS

Translate into English
*(c) Claudius hides behind some curtains from the murderers
of Gaius Caligula, but is discovered, and led off to be
acclaimed as emperor*
Claudius exclusus cum ceteris ab insidiatoribus¹ Gaii tanto
pavore affectus est ut in diaetam² recederet; neque multo post
exterritus rumore caedis prorepsit³ ad solarium⁴ proximum
interque praetenta⁵ foribus vela se abdidit. discurrens forte

gregarius miles, pedibus animadversis, constitit, rogavit quis   5
esset, adgnovit; extractum propter metum ad genua sibi
cadentem imperatorem salutavit. hinc ad alios commilitones[6]
perduxit; ab his lecticae impositus est et, quia sui diffugerant,
vicissim succollantibus[7] in castra delatus est tristis ac trepidus.
turba obvia[8] miserabatur quasi innocens ad poenam duceretur.   10
receptus intra vallum inter stationes militum pernoctavit
aliquanto minore spe quam fiducia.[9] postero die omnes
milites passus est se imperatorem salutare.

Suetonius (adapted)

1 *insidiator* = conspirator	2 *diaeta* = apartment
3 *prorepo* = slip, creep out	4 *solarium* = balcony
5 *praetenta* = stretched over	6 *commilito* = soldier
7 *vicissim succollantibus* = with	8 *obvius* = meeting
soldiers carrying him in turn	9 *fiducia* = confidence

(d)   Darius nurses his anger against the Athenians

Darius rex Persarum certior factus Athenienses non modo
auxilium ad Ionios misisse, sed etiam Sardibus incensis
domum rediisse incolumes, iram cohibere non potuit. unum e
satellitibus[1] arcessitum rogavit ubi gentium[2] essent Athenae
et quales hi essent qui eo[3] audaciae venissent ut in Asiam   5
ingressi tantam urbem incendere ausi sint. 'dic mihi', inquit,
utrum illi putent exercitum an classem esse tam validam ut se
mea ira eripiant. mox quidem sentient quantae meae, quam
parvae opes sint suae. illi interfecti graves poenas huius
iniuriae dabunt.' ita locutus servum quendam iussit se de hac   10
re cotidie, cum cena parata esset, admonere ne obliviceretur
quantam contumeliam[4] sibi imposuissent Athenienses.

Justin

1 *satelles* = attendant	2 *ubi gentium* = where in the
3 *eo* = such a pitch of	world
	4 *contumelia* = insult

VIII DATIVE VERBS AND PREDICATIVE DATIVE

1 Latin has some verbs which put their **objects** into the **dative case**. When such verbs are active, we translate the Latin straight:

e.g. *tibi credimus.* We believe you.

But when these verbs are **passive**, Latin uses them **impersonally**, i.e. in the **third person singular** only and the **subject** goes into the **dative**:

e.g. *mihi persuasum est.*

I was persuaded.

tibi ignoscetur.

You will be pardoned.

You will have no difficulty if you make the **dative** with such a passive verb into the **subject**.

2 Latin has a number of phrases consisting of a **noun** in the **dative**, usually the verb 'to be', and a **second dative**.

e.g. *auxilio esse*   to help   *ei, eis*

auxilio venire   to come to the help of

auxilio mittere   to send to the help of

beneficio esse   to be a benefit to

dedecori esse   to be a disgrace to

exemplo esse   to be an example to

impedimento esse   to be a hindrance to

odio esse   to be hated by

praesidio esse   to guard, protect

usui esse   to be of use to

e.g. *magistri discipulis exemplo esse debent.*

Teachers should be an example to their pupils.

odio nobis erat.

He was hated by us.

We call this construction a **Predicative Dative.**

COMPREHENSIONS

(a)   Alexander shows iron resolution to good effect

milites tam defessi longo per loca deserta itinere erant ut
calorem solis pati vix possent. Alexander vero qui ipse paene
victus lassitudine[1] ac siti erat, agmen pedes[2] duxit ut suis
exemplo esset. nonnulli expediti[3] quos sibi praesidio habebat
postquam ab ordinibus iniussu discesserunt ut aquam peterent,
parvum stagnum[4] inter duas rupes[5] situm forte invenerunt.
quorum militum unus galeam completam summa cum cura ad
regem portavit. quod donum Alexander ubi accepit, in
conspectu omnium aquam in humum fudit, nec ullo verbo
edito rursus progredi coepit. sic militibus persuasum est ut
iter pergerent et haud multo post omnes ad salutem
pervenerunt. itaque ab militibus Alexandro ita obtemperatum
est ut nemini noceretur.   *Curtius (adapted)*

1 *lassitudo* = weariness   2 *pedes* = on foot
3 *expediti* = light-armed troops 4 *stagnum* = pool
5 *rupes* = rock

1   What can you deduce from the first sentence about
    (a) the soldiers' march (b) the weather conditions?   4
2   *lassitudine ac siti* (l.3). How did these affect
    Alexander?   1
3   Why did he lead the column on foot?   2
4   Which particular light-armed troops broke ranks?
    Quote the word which tells us they were acting on
    their own initiative.   3
5   What use did one of these soldiers make of his
    helmet?   2
6   *in conspectu omnium* (ll.8–9). What did Alexander
    do in full view of everyone?   2
7   Translate *militibus persuasum est* (l.10).   1
8   What immediate effect did Alexander's action have
    on the soldiers?   1
9   Quote in Latin two examples of a Predicative Dative
    from the passage.   2

34

10 (a) Quote the Latin from the passage which could
be translated 'without uttering a word'. 1
(b) Finish off this translation of the final sentence,
'Therefore Alexander was obeyed by his soldiers
without...' 1

—
20

(b)   Alexander behaves differently at a banquet
Clitus vetus Philippi miles et clarus multis rebus gestis regem
ad Granicum flumen pugnantem scuto suo ita texerat ut
barbari manum capiti regis imminentem gladio amputaverint.
in convivium[1] a rege invitatus est. quibus in epulis[1] rex cum
vino nimio incaluisset,[2] immodice ea quae ipse gesserat,   5
laudare coepit. tum vero Clitus, ipse ebrius, Philippi bella in
Graecia gesta omnibus quae in Asia ab Alexandro gesta erant
praetulit;[3] etiam Parmenionem defendere ausus est qui a rege
interfectus erat. rex tamen iram vix repressit eumque e
convivio excedere iussit. sed cum Clitus nihilominus ei   10
maledicere[4] perseveraret affirmans eum patri dedecori esse,
telo arrepto, eum transfixit, morientisque sanguine aspersus,[5]
'i nunc,' inquit, 'ad Philippum et Parmenionem ut eis dicas
quid ego, Alexander maximus regum, gesserim.'

Curtius (adapted)

1 both these words = banquet   2 *incalesco* = grow heated
3 *praefero* = prefer   4 *maledico* = abuse
5 *aspersus* = spattered

1 What service had Clitus done Alexander at the
Granicus? 2
2 What had Clitus suffered in performing this service? 2
3 How did Alexander behave at the banquet and why? 3
4 What reply did Clitus make to Alexander's remarks
and why? 3
5 What further remarks by Clitus tried Alexander's
temper still more? 2
6 How did Alexander try to calm the situation at this
stage? 2

7 What reaction from Alexander did Clitus' continued
  defiance provoke? 2

8 *i nunc ad Philippum et Parmenionem* (l.13). How
  could Clitus perform this order? 2

9 How would you describe the tone of Alexander's
  final remarks? 1

10 Quote the Latin from the passage which might be
  freely translated, 'with a splendid war record'. 1

20

UNSEENS

Translate into English

*(c)   Edward finally captures Wallace treacherously betrayed
by a friend*

nihilominus rex Angliae tantum pecuniae et tot milites
habebat ut compluribus exercitibus in Scotiam missis alium
ducem super alium in deditionem venire coegerit. quae dum
geruntur Vallacius, qui arma deponere nolebat, paucis cum
comitibus in fines silvestres fugit qua septem annos tuto   5
manebat quod nemini persuaderi poterat ut eum hostibus
proderet. Eduardus tamen quoniam, dum ille viveret, totam
gentem subigere[1] non posset, magnum praemium ei qui illum
prodidisset, esse daturum se promisit. qua spe tandem
adductus quidam ex amicis illi fraude cum persuasisset ut   10
apud se dormiret, priusquam perveniret,[2] nonnullos Anglos in
horto clam collocavit. qui signo dato irruerunt et illum facile
comprehenderunt cum incautus captus arma sumere non
posset. ille igitur proditionis damnatus Londinii morte
multatus est.   15

1 *subigo* = subdue   2 *perveniret* = could arrive

*(d)   Queen Artemisia after the death of her husband
Mausolus successfully tricks and defeats the Rhodians*
post mortem Mausoli, Artemisia uxore regnante, Rhodii
indignantes mulierem civitatibus Cariae totius imperare, classe

36

armata, profecti sunt ut id regnum occuparent. tunc Artemisia
postquam id renuntiatum est, cives hortata est ut sibi fiderent;
hoc consilium iniit. in portu minore paratam classem celavit;   5
reliquos autem cives in muro stare iussit. cum autem Rhodii
classem in maiorem portum duxissent, civibus imperatum est
ut pollicerentur se oppidum hostibus sine certamine[1]
dedituros esse. qui cum penetrassent intra murum rati
Artemisiam nullos milites praesidio urbi collocavisse, naves   10
inanes[2] reliquerunt. illa repente classe in mare e portu minore
educta, in maiorem invecta est.[3] egressis autem hostibus,
classem Rhodiorum inanem in altum[4] abduxit. ita Rhodii
quod nullas naves habebant ad quas confugerent, in ipso foro
trucidati sunt.   *Gellius (adapted)*   15

1 *certamen* = struggle   2 *inanis* = empty
3 *invehor* = sail in   4 *in altum* = out to sea

IX GERUND
AND GERUNDIVE

By this time you will probably have seen in Latin words
ending in -ndum and -ndus. The -ndum form we call the
gerund (verbal noun); the -ndus form we call the gerundive
(verbal adjective). They are used in three important ways.

 1   The gerundive, i.e. -ndus-a-um is used in the nominative
case,* with the verb 'to be' and often a noun or pronoun in
the dative to mean, 'must, have to, had to':
e.g. *puellae tibi monendae sunt.*   *DAT of agent*
  You must warn the girls.
  nobis festinandum erat.
  We had to hurry.
  novi equi emendi erunt.
  New horses will have to be bought.
*Note that the gerundive will be in the accusative case in
Indirect Statement:
e.g. *putabat domum sibi vendendam esse.*
  He thought he had to sell his house.
You will see from these examples that we often make the
noun or pronoun in the dative into the subject of the verb.
We call this use the Gerundive of Obligation.   *passive periphrastic*

 2   The gerund and gerundive are used with ad and causa
to express purpose:
e.g. *ad oratorem audiendum venerunt.*
  They came to listen to the speaker.
  gladius ad pugnandum.
  A sword for fighting.
  Romam redierunt reginae videndae causa.
  They returned to Rome to see the queen.

 3   The gerund usually in the genitive or ablative case can
be translated by -ing or an infinitive:

e.g. *ars docendi.* The art of teaching.   *Gerund*
   audiendo disces. You will learn by listening.
   cupidus cantandi. Eager to sing.

The **gerundive** usually in the **genitive** or **ablative** with a noun
in the **same case** is translated in the **same way**:   *Gerundive*

e.g. *facultas equi vendendi.* A chance $\begin{cases} \text{of selling} \\ \text{to sell} \end{cases}$ a horse.

   magistro audiendo disces. You will learn by listening to
                           the teacher.

Note that if you are asked to distinguish the gerund and
gerundive, the following clues are useful.

(a)   Gerund is always singular.

(b)   Gerundive can be plural and have feminine endings.

(c)   If the word is in the accusative, genitive or ablative and is
      by itself, it is a gerund unless *sum* is present; if it has a
      noun or pronoun in the same case it is gerundive.

COMPREHENSIONS

(a) A tale of treachery

tredecim iuvenes Tarentini quorum principes erant Nico et
Philemenus coniuraverunt ad urbem suam Poenis prodendam.
rati igitur sibi cum Hannibale colloquendum esse ex urbe
noctu abierunt sub specie[1] venandi et ad illum iter fecerunt.
iam ubi haud procul ab illius castris aberant, ceteri in silva   5
prope viam sita se abdiderunt; Nico et Philemenus ad stationes
processerunt Poenorum. capti, id quod petebant, ad
Hannibalem adducti sunt. cui cum exposuissent quid facere in
animo haberent, eos laudatos iussit ad urbem pecora[2]
Poenorum agere ut suis civibus persuaderent se ex urbe   10
discessisse praedandi causa. ubi igitur illi redierunt, cives non
mirati sunt quod nocte excedere iterum audebant; itaque
iuvenes cum Hannibale rursus colloqui poterant nullo
suspicante.   *Livy (adapted)*

1 *sub specie* = on the pretext of   2 *pecora* = cattle

1 Where was the conspiracy formed? How many were involved? Who were the ringleaders? What was the object of the conspiracy?   4

2 Translate *rati sibi cum Hannibale colloquendum esse* (l.3).   2

3 How many of the conspirators hid in the wood, and at what stage did they do so?   2

4 What was Hannibal's immediate reaction to the explanation offered to him by the conspirators?   1

5 What did he consequently order them to do?   1

6 What impression did he hope they would create by carrying out his order?   3

7 Quote from the passage the Latin which indicates Hannibal was successful in creating this impression.   2

8 Select the correct answer for each statement: 4
    prodendam (l.2) is a _____ gerund/gerundive
    colloquendum (l.3) is a _____ gerund/gerundive
    venandi (l.4) is a _____ gerund/gerundive
    praedandi (l.11) is a _____ gerund/gerundive.

9 Quote from the passage the Latin which could be idiomatically translated, 'precisely what they were after'.   1

                                                                     20

(b)   Hannibal plans to attack the ships of Eumenes with a secret weapon

Hannibal ad Eumenem vincendum tale cepit consilium. dolo[1] erat pugnandum cum par non esset armis. iussit igitur quam plurimas venenatas serpentes vivas colligi easque in vasa fictilia[2] conici. die ipso quo facturus erat navale proelium classiariis[3] convocatis praecipit[4] ut omnes in unam Eumenis   5 navem concurrant; quem si aut ceperint aut interfecerint, magnum praemium eis fore pollicetur. horum in concursu Bithynii Hannibalis praecepto universi navem Eumenis adoriuntur. cum reliquae Pergamenae naves adversarios acrius premerent, repente in eas vasa fictilia conici coepta sunt.   10 quae iacta initio risum pugnantibus concitarunt[5] neque

40

intelligi poterat quare id fieret. postquam autem naves
serpentibus completas conspexerunt, nova re perterriti, naves
verterunt cum quid potissimum[6] vitarent non viderent, seque
ad castra nautica rettulerunt. *Nepos (adapted)* 15

1 *dolus* = trick	2 *fictilis* = earthenware
3 *classiarius* = ship's captain	4 *praecipio* = order
5 *concito* = provoke, rouse	6 *potissimum* = especially, in particular

1 Why did Hannibal think it necessary to resort to a
   trick? 2
2 Quote the Latin which tells us the nature of his
   secret weapon. 2
3 What orders did Hannibal give his assembled
   captains? 2
4 What further inducement did he offer them? 2
5 Quote the Latin which shows that the captains
   faithfully carried out Hannibal's orders. 2
6 What was the initial reaction of the enemy to the
   secret weapon? 2
7 What made the enemy change their minds? 2
8 Quote in Latin from the passage an example of
   (a) Gerundive of Purpose (b) Gerundive of
   Obligation (c) Indirect Question. 3
9 *facturus erat* (l.4) means literally 'he was about to
   fight'. Can you suggest a better translation? 1
10 From the information given you in these two
   passages what have you learned about Hannibal? 2

$$\overline{20}$$

UNSEENS

Translate into English
(c) Poor Caesar has to do everything himself!
Caesari omnia uno tempore erant agenda, vexillum[1]
proponendum,[2] quod erat insigne[3] cum ad arma concurrendum

esset; ab opere revocandi milites; ei qui paulo longius aggeris
petendi causa processerant arcessendi; acies instruenda; milites
cohortandi; signum dandum ad proelium ineundum. quarum   5
rerum magnam partem brevitas temporis et successus[4] hostium
impediebat. duae res his difficultatibus subsidio erant, scientia
ac usus[5] militum quod exercitati proeliis superioribus satis
bene sentiebant quid agendum esset, et quod Caesar singulos
legatos ab opere discedere vetuerat nisi castra munita essent.   10
hi propter propinquitatem et celeritatem hostium nec iam[6]
Caesaris imperium exspectabant; sed per se quae facienda
erant administrabant.   *Caesar*

1 *vexillum* = banner   2 *propono* = display
3 *insigne* = sign   4 *successus* = advance
5 *usus* = experience   6 *nec iam* = no longer

*(d)   By wishing to kill the dictator Sulla, the young Cato
shows his hatred of tyranny at an early age*

Sulla qui patre Catonis familiariter utebatur,[1] Catonem ipsum
ac eius fratrem saepe arcessivit ut cum eis colloqueretur.
itaque Sarpedon paedagogus quod credebat pueros integros
propter talem amicitiam fore, eos ad Sullam conveniendum
libenter[2] duxit. apud Sullam multi homines strangulati   5
perierunt. Cato igitur iam quattuordecim annos natus cum
animadvertisset capita tot civium praeclarorum[3] efferri et
circumstantes tanto sanguine viso clam lugere[4] paedagogum
rogavit quare nemo Sullam occidisset. ille respondit, 'eum
omnes metuunt magis quam oderunt'. 'quare,' inquit Cato,   10
'mihi gladium da ut eo interficiendo nostram patriam servitute
liberem.' quod ubi audivit Sarpedon tanto pavore affectus est
ut postea semper caveret[5] ne Cato quid dicere vel facere
temere[6] auderet.   *Gellius (adapted)*

1 *familiariter utor* + abl. = be   2 *libenter* = willingly
  friendly with   4 *lugeo* = mourn
3 *praeclarus* = famous   6 *temere* = rashly
5 *caveo* = be on one's guard

X CONDITIONAL CLAUSES

In Latin si (if) and nisi (if.. not, or unless) are often used with
the subjunctive in the following ways:

e.g. *si Romam veniant, Ciceronem videant.*

If they $\left\{ \begin{array}{l} \text{were to come} \\ \text{came} \end{array} \right.$ to Rome, they would see Cicero.

Si Romae essent, Ciceronem viderent.

If they were in Rome, they would see Cicero.

si Romam venissent, Ciceronem vidissent.

If they had come to Rome, they would have seen Cicero.

Sometimes Latin uses a mixture of tenses,

e.g. *si diligentius laboravissem, hodie dives essem.*

If I had worked harder, I would be rich today.

Otherwise you can translate the Latin after si or nisi straight,
unless it is a future or future perfect indicative when English
prefers to use a present:

e.g. *si hoc feceris, poenas dabis.*

If you do this, you will be punished.

Note also that when you have a si clause with the subjunctive
in indirect speech, you can usually ignore the subjunctive:

e.g. *dixit nos, si hoc fecissemus, poenas daturos esse.*

He said that we would be punished if we did this.

COMPREHENSIONS

(a)   Diomedon's mission to Thebes is only partially successful

·Diomedon rogatu Artaxerxis regis Epaminondam pecunia
corrumpendum susceperat. itaque magno cum pondere auri
Thebas venit et Micythum adulescentem, quem Epaminondas
maxime amabat, quinque talentis ad suam voluntatem
perduxit.[1] Micythus autem cum Epaminondam convenisset,   5
docuit qua de causa Diomedon advenisset. at ille mox
Diomedonti, 'nihil', inquit, 'opus[2] pecunia est. nam si rex ea

cupiat quae Thebanis sunt utilia, gratis[3] facere sim paratus;
sin[4] autem contraria, non habeat satis auri atque argenti.
namque orbis terrarum divitias accipere nolo ad patriam   10
prodendam. tu, quod me incognitum temptavisti, non miror
tibique ignosco; sed celeriter abi ne alios corrumpas. et tu,
Micythe, argentum huic redde; aut, nisi id facies, ego te
magistratui puniendum tradam.'   *Nepos (adapted)*

1 *ad suam voluntatem perduxit*   2 *opus* + abl. = need of
  = he won the support of   4 *sin* = but if
3 *gratis* = for nothing

1 What was Diomedon's mission?   2
2 How did Diomedon win the support of Micythus?   1
3 Why do you think it was logical for Micythus to tell
   everything to Epaminondas?   2
4 Translate, *si rex autem cupiat quae Thebanis sunt
   utilia, gratis facere sim paratus* (ll. 7–8).   3
5 *sin autem contraria* (l. 9). What two Latin words are
   to be understood here?   2
6 How did Epaminondas emphasise his patriotism?   2
7 What did he bid Diomedon do, and why?   2
8 What was his combined advice and threat to
   Micythus?   3
9 *non miror tibique ignosco* (ll.11–12). Why does
   Epaminondas adopt this patronising attitude?   2
10 *qua de causa Diomedon advenisset* (l.6). Translate
   this without using a verb in English.   1

                                                                —
                                                                20

*(b) Argilius has his suspicions about Pausanias and informs
the magistrates*

Argilius quidam adulescentulus epistulam ab Pausania ad
Artabazum accepit. suspicatus aliquid in ea de se esse scriptum
cum nemo eorum rediisset qui antea missi erant, vincula[1]
epistulae laxavit; cognovit, si pertulisset, sibi esse pereundum.
nam erant in eadem epistula quae ad ea pertinebant quae inter   5
regem Pausaniamque convenerant.[2] quas ille litteras ephoris[3]

44

tradidit. qui huic indici⁴ imperaverunt ut ad fanum Neptuni
Taenari confugeret ac in ara consideret. iuxta⁵ hanc locum
fecerunt sub terra ex quo posset audiri si quis quid loqueretur
cum Argilio. huc ex ephoris quidam descenderunt. Pausanias   10
autem ut audivit Argilium confugisse ad fanum perturbatus
eo venit. quem cum supplicem⁶ dei videret in ara sedentem,
quaerit quid causae sit tam repentini consili. huic ille, ephoris
audientibus, quid ex litteris comperisset, aperuit.

Nepos (adapted)

1 *vincula* = fastening	2 *convenit* = be agreed upon
3 *ephorus* = magistrate	4 *index* = informer
5 *iuxta* = near	6 *supplex* = suppliant

1 What grounds had Argilius for his suspicions?   2
2 What did he find out when he opened the letter?   2
3 What instructions did the magistrates give Argilius
   after receiving the letter?   3
4 Describe the elementary 'bugging' device the
   magistrates planned.   2
5 Why was Pausanias *perturbatus* (l.11)?   2
6 *huic ille* (l.13). Identify the characters each of these
   words refer to.   2
7 Translate *ephoris audientibus* (ll.13–14) (a) literally
   (b) idiomatically.   2
8 Quote in Latin from the passage an example of
   (a) Gerundive of Obligation (b) Purpose (c) Indirect
   Question.   3
9 *adulescens* means 'young man'. What is the
   significance of the ending *-ulus*? Give, if you can,
   another example of such an ending.   2

—
20

UNSEENS

Translate into English

*(c)   Datames foils a plot to kill him by changing places with
one of his own men*

rex postquam bello Datamen opprimi non posse cognovit,
insidiis eum interficere conatus est. ille cum ei nuntiatum
esset quosdam coniurare sui occidendi causa experiri[1] volebat
utrum verum an falsum sibi esset relatum. itaque ad
proficiscendum paravit eo itinere in quo insidias fore dixerant.   5
sed elegit militem corpore ac statura sui simillimum cui
vestitum suum dedit atque imperavit ut eo agminis loco iret
quo ipse soleret; ipse autem ornatu vestituque militari inter
suos custodes iter facere coepit. insidiatores tamen cum de
hoc consilio nihil scirent, decepti impetum in eum fecerunt   10
qui suppositus erat.[2] hi autem statim confixi telis quae
Datames comitesque universi statim coniecerant, conciderunt
priusquam ad eum quem aggredi in animo habebant
pervenirent. igitur illi militi multum pecuniae donandum
propter eius virtutem ac fidem curavit[3] Datames.   15

Nepos (adapted)

1 *experior* = test, prove   2 *suppono* = substitute
3 *curo* + gerundive = have something done

(d)   A father loses his temper and later regrets his hasty action

miles quidam cotidie ibat ad venandum[1]. accidit autem ut die
quodam nihil caperet et postridie mane, cane domi relicto,
cum accipitre[2] tantum exiret cibi quaerendi causa. tandem
uxor quod nondum ille redierat, domo egressa est ad cibum
petendum. interim, dum illa abest, serpens e muro processit   5
si forte puerum parvulum qui in cunabulo[3] dormiebat
interficeret. quod cum canis videret, pugnam iniit cum
serpente quem interfectum longius a puero traxit. dum autem
pugnant canis et serpens, cunabulum est eversum. haud multo
post miles rediens intravit domum viditque eversum   10
cunabulum, cruentatum[4] canem totumque pavimentum
sanguine infectum. ratus igitur canem puerum interfecisse, ira

commotus canem gladio necavit. venit tamen uxor erectoque
rursus cunabulo filium sustulit. tum et serpentem interfectum
invenerunt et fidem canis senserunt. paenituit[5] facti militem,   15
sed sero.   *Johannes of Alta Silva (adapted)*

1 *venor* = hunt   2 *accipiter* = hawk
3 *cunabulum* = cradle   4 *cruentatus* = soaked in blood
5 *paenituit* (with subject in acc.) = regretted

XI IMPERSONAL VERBS I

In Latin there are some verbs which are only used in the **third person singular** in the **indicative** or **subjunctive** (i.e. their subject is **it**), and are followed by a **noun** or pronoun in the **accusative** or **dative** which we usually make the subject in English.

 1   Accusative = Subject
me **miseret**   I feel sorry for
me **paenitet**   I repent of, regret
me **piget**   I am vexed with
me **pudet**   I am ashamed of
me **taedet**   I am tired of
e.g. *me puellae miseret.*   *eum sceleris paenitebit.*
        I feel sorry for the girl.   He will regret his crime.
These verbs usually have another **noun** or pronoun in the **genitive** as their object. Also,
me **oportet**   I ought
me **decet**   It becomes me, It is proper
me **dedecet**   It does not become me, It is unfitting
e.g. *me oportet Romam redire.*   I ought to return to Rome.
        eos decet tempus terere.   Wasting time suits them.

 2   Dative = Subject
mihi **videtur**   It seems good to me, I am resolved
mihi **placet**   It pleases me, I am resolved
mihi **licet**   I am allowed
mihi **libet**   It pleases me, I like
e.g. *ei Romae manere licuit.* He was allowed to remain in
        Rome.

COMPREHENSIONS

(a)   Cicero shows concern for the health of Tiro his freedman secretary

Tullius Tironi S.D.

Aegypta[1] ad me venit prid. Id.Apr. is etsi mihi nuntiavit te plane febri carere[2] et belle habere[3], tamen, quod negavit te potuisse ad me scribere, curam mihi attulit, et eo[4] magis quod Hermia,[1] quem eodem die venire oportuerat, non venerat. incredibili sum sollicitudine de tua valetudine;[5] qua si me   5 liberaveris, ego te omni cura liberabo. plura scriberem, si iam putarem libenter te legere posse. cura te etiam atque etiam[6] diligenter. vale.

scripta[7] iam epistula Hermia venit. accepi tuam epistulam vacillantibus litteris – nec mirum tam gravi morbo. ego ad te   10 Aegyptam misi, quod nec inhumanus[8] est et te visus est mihi diligere, ut is tecum esset, et cum eo coquum quo utereris.

vale.   *Cicero*

1 Aegypta and Hermia were both slaves in Cicero's household.	2 *febri careo* = free from fever
	4 *eo* = for this reason
3 *belle habeo* = make good progress	6 *etiam atque etiam* = all the
5 *valetudo* = health	time
7 the second paragraph is in the form of a P.S.	8 *nec inhumanus* = quite a nice chap

1   When did Cicero hear the good news and from
    whom?   2
2   What other news did Cicero find disturbing?   2
3   What further fact disturbed Cicero still more?   2
4   Why does Cicero intend to keep his letter short?   2
5   Cicero is prone to exaggeration. Quote in Latin
    from the first paragraph two examples of this.   2
6   *nec mirum* (l.10). What does Cicero say is not
    surprising, and why?   3
7   Apart from being 'quite a nice chap', what other
    reason does Cicero give for sending Aegypta to Tiro?   2
8   Who else is to accompany Aegypta?   1
9   What do the letters S.D. stand for? Give any other

abbreviated letter heading you know. 2

10 What does this letter suggest about the relationship
between Cicero and Tiro? 2

—-..
20

(b) Hannibal tricks the enemy with an apparent show of
hospitality

Hannibal ad insulam Cercinam ita traiecit; cuius in portu ubi
nonnullas Phoenicum naves onerarias invenit, eos, qui e
navibus egressi sunt ad salutandum, certiores fecit se legatum
Tyrum missum esse. veritus tamen ne qua navium Thapsum
aut Hadrumetum de improviso profecta nuntiaret se Cercinam 5
advenisse, hoc consilium iniit. epulis[1] apparari iussis
magistros[2] omnium navium invitavit et, quoniam media aestas
forte erat, ab eis vela petivit quibus velarium[3] cenantibus in
litore faceret. itaque suspicati nihil illi omnia ei quae petivit
libenter dederunt; multoque vino usque ad mediam noctem 10
sunt ductae[4] epulae. Hannibal simul ac occasionem fallendi
eos qui in portu erant habuit, ex insula effugit. postridie mane
magistros stultitiae paenituit quod ei. tam facile effugere
licuisset.   *Livy (adapted)*

1 *epulae* (pl.) = banquet   2 *magister* = captain
3 *velarium* = awning   4 *duco* = prolong

1 Where did Hannibal find the Phoenician ships? 2
2 What did Hannibal tell those who came to greet him? 2
3 *hoc consilium iniit* (l.6). What fear made him form
this plan? 2
4 What request did he make of the ships' captains, and
what was the reason for this request? 3
5 Quote the Latin which suggests that at this stage the
captains believed him. 2
6 How did he ensure that the captains enjoyed
themselves? 2
7 Translate *simul ac occasionem fallendi eos qui in
portu erant habuit* (ll.11–12). 2
8 What were the feelings of the captains on the next

morning? 2
9 At what time of year did this incident take place? 1
10 Quote in Latin from the passage two different
methods of expressing Purpose. 2

20

UNSEENS

Translate into English
*(c) Xenobia attempts to help her citizens, but is frustrated
by the Romans*
iam cives Palmyrae Romanis summa cum virtute resistebant,
sed tandem ubi multos iam menses urbs obsidebatur,[1] tanta
cibi inopia erat ut multi oppidanorum fame perirent. rex
Persicus autem, pulchritudine eius captus, promiserat se,
dummodo[2] Xenobia sibi nuberet, magnas copias esse 5
missurum quae urbem obsidione liberarent. ea igitur, quod
eam civium suorum magnopere miserebat, sicut ille vellet,
facere constituit. egressa ex urbe duobus cum comitibus media
nocte ad flumen Euphratim quod est finis regni Persici, iter
tetendit.[3] eius consilium, tamen, praefecto Romano proditum 10
erat a servo qui pecunia ac spe libertatis adipiscendae
corruptus erat ut hostes clam doceret quid reginae facere
placuisset. itaque turma[4] equitum, quae statim missa ad
fugitivos persequendos erat, reginam consecuta tum cum[5] ipsa
ac comites lintrem invenerunt qua flumen transirent, ad castra 15
Romana reduxit. *Eutropius (adapted)*

1 translate by a pluperfect	2 *dummodo* = provided that, if
3 *iter tendo* = make for	only
5 *tum cum* = at the very moment	4 *turma* = squadron
when	

*(d) A slave's information leads to the arrest and punishment
of fire-raisers at Rome*
Romae multa circa forum incendia simul orta sunt. eodem
tempore septem tabernae arserunt; postea comprehensa

51

privata quoque aedificia sunt; aedes Vestae vix defensa est
tredecim servorum opera.[1] nocte ac die continuatum
incendium fuit; omnes pro certo habebant id humana fraude   5
factum esse quod compluribus simul locis et eis diversis ignes
coorti essent. itaque consul edixit, si quis indicaret quorum
opera id incendium factum esset, praemium fore, libero
pecuniam, servo libertatem. quo praemio inductus servus
(Mannus ei nomen erat) indicavit dominos et quinque   10
praeterea nobiles Campanos id incendium fecisse multaque
alia facturos nisi magistratus eos comprehendendos curarent.
ipsi comprehensi familiaeque eorum. quaestio[2] foro medio
haberi coepta est; confessi sunt omnes. cum omnes et iudices
et cives tanti facinoris[3] pigeret, illi capitis damnati sunt.   15
Manno libertas data est.   *Livy (adapted)*

1 *opera* = work   2 *quaestio* = trial
3 *facinus* = crime, villainy

XII IMPERSONAL VERBS 2

1   Latin has two other impersonal verbs **interest** and **refert**, 'it is of importance to'. The **person** concerned goes into the genitive or the **ablative**, e.g. **mea, tua, nostra, vestra, sua; refert** takes only the **latter**.

e.g. *hostium interest urbem capere.*

It is of importance to the enemy to capture the city.
quid id tua refert?
What importance is that to you?

Latin can stress importance in a number of ways.

e.g. *magni*
magnopere } *eius intererat Ciceronem audire.*
multum

It was of great importance to him to hear Cicero.

interest and **refert** can be followed by (a) **infinitive** or **accusative + infinitive** (b) **ut** or **ne + subjunctive** (c) **Indirect Question.**

e.g. *magni nostra interest* { *pontem facere.*
{ *ut pontem faciamus.*

It is of great importance to us to build the bridge.
magistri non intererit utrum canas necne.
It will be of no importance to the teacher whether you sing or not.

Note that **non interest** can be translated in a variety of ways: 'it is of no importance to, it is not the business of, it is of no concern to, it does not matter to, it makes no difference to'.

2   In Latin, verbs such as **curro, venio, pugno, clamo,** i.e. verbs which do not take a direct object, are used **impersonally** in the **passive**:

e.g. *concursum est.*   There was a rush.
a Romanis ad Britanniam ventum est.   The Romans came to Britain.
acriter pugnatum est.   There was a fierce battle.

3   In Latin if a verb has no future infinitive, **fore ut** with
the **subjunctive** is used in **Indirect Statement**.

e.g. *puer promisit fore ut id carmen disceret.*

> The boy promised he would learn that poem (*lit.* . . . it
> would be that he learned. . .).

You will find it easy if you translate the verb in the subjunctive by **will** or **would**.

COMPREHENSIONS

(a)   King Eumenes is nearly killed in an ambush

Eumenem a mari ad templum Apollinis ascendentem, primo
amici ac satellites circumfusi comitabantur; deinde via
angustior agmen minus densum faciebat. ubi ad eum locum
perventum est, in quo singulis procedendum erat, insidiatores
subito exorti, saxa duo ingentia devolverunt; quorum altero   5
caput regis ictum est, altero humerus.[1] ad succurrendum ei
primo amici, deinde satellites ac servi cucurrerunt. eum
sopitum[2] vulnere ac nihil sentientem tollentes, ex calore in
corpore remanente, vivere perceperunt. eius amici autem
senserunt plurimi interesse ut rex ex hostium conspectu quam   10
celerrime abduceretur. postero die illi regem ad navem
deferunt qua Aeginam insulam vehatur. ibi tam secreta·erat
eius curatio ut fama eius mortis in Asiam perferretur.

Livy (adapted)

1 *humerus* = shoulder   2 *sopitus* = stunned

1   Where was Eumenes making for?   1
2   *circumfusi comitabantur* (l. 2). Explain the manner
    in which his friends and bodyguard were escorting
    Eumenes, and why they had to change formation.   3
3   Why did the ambushers select the spot they did for
    the attack, and what form did the attack take?   2
4   Where else was Eumenes hit apart from his shoulder?   1
5   What other Latin in the passage means virtually the
    same as *sopitus* (l. 8)?   1
6   *vivere perceperunt* (l. 9). What was the fact which

led them to this conclusion? 2

7 How was Eumenes' escape engineered and to where
was he taken? 3

8 What rumour spread about Eumenes and why did it
arise? 3

9 Quote from the passage the Latin for (a) 'it was
absolutely vital' (b) 'they had to advance in Indian
file'. 2

10 Quote in Latin from the passage examples of two
different methods of expressing Purpose. 2

—
20

(b) Mysterious deaths in Rome

cum insequenti anno primi cives similibus morbis omnes
morerentur, ancilla quaedam Fabio Maximo se causam harum
mortium indicaturam esse declaravit, si ab eo fides[1] salutis
sibi daretur. Fabius statim rem ad consules, consules ad
senatum referunt, consensuque patrum fides indici data est. 5
tum ancilla patefecit[2] fore ut, si se extemplo sequi vellent
consules, matronae quaedam in re ipsa comprehendi possent;
eas enim non pudere contra civitatem coniurasse ac salutem
nihili aestimare.[3] secuti igitur indicem consules matronas
ipsas venenum parantes invenerunt; quibus in forum ductis, 10
duae ex eis, Cornelia et Sergia, cum ea salubria medicamenta
esse affirmavissent, ab indice bibere iussae sunt ut se falsa
dixisse arguerent.[4] inde tempore ad consultandum petito,
cum rem ad ceteras matronas rettulissent, quod et illae bibere
volebant, medicamento epoto omnes sua fraude perierunt. 15

Livy (adapted)

1 *fides* = pledge, promise   2 *patefacio* = disclose, reveal
3 *nihili aestimo* = care nothing for   4 *arguo* = prove

1 Why did the deaths of the leading citizens arouse
suspicion? 2

2 What 'deal' did the maidservant make with Fabius
Maximus? 2

3 What verb is to be understood with *Fabius* in l. 4? 1

What object is to be understood with *referunt* in l.5? 1

4 What are we told about the feelings of the matrons
apart from the fact that they cared nothing for their
own safety? 2

5 What did the consuls find when they followed the
informer? 2

6 What excuse did Cornelia and Sergia make for their
actions? 2

7 How did the informer call their bluff? 2

8 What request did the matrons then make? 2

9 What did the matrons finally decide? 2

10 Quote from the passage the Latin which could be
idiomatically translated (a) 'to be caught red-handed'
(b) 'all got a taste of their own medicine!' 2

20

UNSEENS

Translate into English
(c) Cicero discovers the tomb of Archimedes
ego Archimedis sepulchrum ignotum Syracusanis, cum
negarent sua referre, saeptum[1] undique et celatum vepribus[2]
indagavi.[3] memineram enim quosdam versus, quos in eius
monumento esse inscriptos audieram; qui declarabant in
summo sepulchro sphaeram esse positam cum cylindro. ego 5
autem cum omnia collustrarem[4] oculis (est enim ad portas
Achradinas[5] magna frequentia sepulchrorum) animadverti
columellam non multum e dumetis[6] eminentem; in qua inerat
sphaerae figura et cylindri. atque ego statim Syracusanis
(erant autem principes mecum) dixi me illud ipsum arbitrari 10
esse quod quaererem et locum statim purgandum esse.
immissi igitur cum falcibus[7] multi purgarunt et aperuerunt
locum. quo cum patefactus esset aditus, ad adversam basim[8]
accessimus. ita apparebat epigramma ut nonnullas litteras vix
legeremus. sic nobilissima Graeciae civitas, quondam vero 15
etiam doctissima, sui civis acutissimi[9] monumentum ignorasset
nisi ab homine Arpinate[10] didicisset. *Cicero*

1 *saepio* = hedge in, surround
2 *vepres* = bramble
3 *indago* = hunt out
4 *collustro* = survey, gaze at
5 one of the gates of Syracuse
6 *dumetum* = thicket
7 *falx* = sickle, pruning hook
8 *ad adversam basim* = to the front of the pedestal
9 *acutus* = clever
10 i.e. Cicero, who came from Arpinum

(d) Prince Charlie finds refuge, and escapes from his enemies in disguise

Carolo cum nec iam speraret se alium exercitum coacturum esse, placuit ad montes confugere; qua multos dies incolumis latebat, quod nemo e montanis tam turpis erat ut ducem pristinum[1] militibus regiis proderet quamquam Georgius, rex Angliae, maximum praemium obtulerat. postea ille, ubi ad insulam prope continentem sitam ventum est, sine dubio comprehensus esset nisi filia viri, qui ipse pedibus meruerat,[2] auxilio ei fuisset. nam ille vestitum ancillae indutus illam iter ad aliam partem Scotiae facientem comitatus est. quo consilio postquam insequentes fefellit, tandem navem qua ad Galliam veheretur, comparavit. Carolus autem sensit fore ut sibi ad Scotiam numquam liceret redire; sed montani eius diu meminerant ut multa carmina pulchra de eo scripta sint.

1 *pristinus* = former   2 *pedibus mereo* = serve in the infantry

XIII QUI WITH THE SUBJUNCTIVE

1   As was shown in chapter VI, qui, quae, quod can be used to express **Purpose**. There is another fairly common use of **qui, quae, quod** with the subjunctive.

e.g. *is est qui consulatum petat.*

He is the man to stand for the consulship.

Here **qui** means the **sort of person to**, and we call this construction **Qui Generic**. If Latin wished to say 'non-drinkers', it could say, 'the sort of people who do not drink'. Note that once again you will usually be able to translate **qui** by to. . . . The following list contains some of the generic phrases you are likely to meet.

is sum qui   I am the man to

ea est quae   she is the woman to

dignus est qui   he deserves to

solus est qui   he is the only one to

sunt qui   there are some who

quis est qui   who is there to

nihil habeo quod   I have nothing to

e.g. *digni erant qui poenas darent.*

They deserved to be punished.

nihil habeo quod edam.

I have nothing to eat.

2   A **comparative** can be used with **quam qui (ut) +** the **subjunctive** to mean too . . . to.

e.g. *miles erat ignavior quam qui pugnaret.*

The soldier was too cowardly to fight.

COMPREHENSIONS

(a) Philopoemen poses a problem for his captors
iam nox appetebat[1] neque in proximam noctem locum in quo

Philopoemen tute custodiretur invenire poterant. tum quidam
admonent thesaurum[2] publicum esse sub terra. eo vinctus
demittitur et saxum ingens quo clauditur superimpositum est.
ita custodes rati sunt fore ut nemo ei auxilio esset, cum illud   5
saxum gravius esset quam quod sine machina tolleretur. lucem
igitur insequentem exspectabant. postero die erant qui
memores pristinorum eius meritorum[3] in civitatem censerent[4]
ei parcendum esse; sed auctores defectionis in secreto
consultantes, omnes ad eius mortem adsentiebant. sed   10
ambigebatur[5] utrum festinarent an different. ei autem qui
avidiores erant poenae vicerunt ut missus sit servus qui
venenum ferret. accepto poculo ille rogavit num equites
Lycortae incolumes evasissent. postquam dictum est tutos
esse, 'bene habet,' inquit; poculo sine metu exhausto, haud   15
multo post exspiravit.   *Livy (adapted)*

1 *appeto* = approach   2 *thesaurus* here = treasure house
3 *meritum* = service   4 *censeo* = propose
5 *ambigo* = argue

1 What problem is indicated in the first sentence for
   Philopoemen's captors?   2
2 What solution was found for this problem?   2
3 *ita custodes rati sunt fore ut nemo ei auxilio esset*
   (l. 5). What fact supported this belief?   3
4 Why did some people feel that Philopoemen should
   be spared?   2
5 *auctores defectionis* (l. 9). How did these people
   overcome opposition to their views?   2
6 The *auctores defectionis* argued over one thing:
   what was it? How was the argument resolved?   3
7 What does *rogavit num equites Lycortae evasissent*
   (ll. 13-14) suggest to you about Philopoemen's
   character?   1
8 Describe in your own words how Philopoemen
   'exspiravit' (l. 16), and what means were employed?   2
9 *qui ferret* (ll. 12-13) is an example of _____ ?   1
   qui censerent (ll. 7-8) is an example of _____ ?   1

10 Quote from the passage the Latin which might be
    very freely translated, 'O.K.'   1

                                                                       ⎯.
                                                                       20

(b)   An example of the Roman sense of honour
Segesta est oppidum vetus in Sicilia, quod demonstrant ab
Aenea fugiente a Troia atque in haec loca veniente conditum
esse. itaque Segestani perpetua societate atque amicitia se
cum populo Romano coniunctos esse arbitrantur. olim hoc
oppidum, cum illa civitas cum Poenis sua sponte bellaret, a   5
Carthaginiensibus vi captum atque deletum est; omnia quae
ornamento urbi esse possent, Carthaginem sunt deportata.
fuit apud Segestanos simulacrum[1] Dianae ex aere factum et
maxima ac antiquissima religione praeditum. hoc Carthaginem
translatum locum mutaverat, sed religionem pristinam   10
servabat; nam propter eximiam[2] pulchritudinem videbatur
etiam hostibus digna quae sanctissime coleretur. multo post
P. Scipio Carthaginem cepit; pollicetur convocatis Siculis
omnibus sibi magnae curae fore ut omnia sua civitatibus
restituerentur. igitur illud simulacrum reddendum Segestanis   15
curavit.   *Cicero (adapted)*

1 *simulacrum* = statue   2 *eximius* = remarkable

   1 List the facts we are told about Segesta in the first
      sentence.   3
   2 What were the feelings of the Segestani towards the
      Romans?   2
   3 What could the Segestani and the Romans be said to
      have in common?   1
   4 What happened to Segesta when Sicily was fighting
      the Carthaginians?   4
   5 From what material was the statue of Diana made?   1
   6 What effect did the remarkable beauty of the statue
      have upon the Carthaginians?   2
   7 What did Scipio promise would be his particular
      concern?   2
   8 Translate *simulacrum reddendum Segestanis curavit*

(ll.15–16).   2

9 Quote in Latin from the passage an example of
   (a) Qui Generic (b) Predicative Dative.   2

10 Quote from the passage the Latin which suggests
   'an ancient and sacred relic'.   1
                                                                    ——
                                                                    20

UNSEENS

Translate into English

*(c) With the help of a shepherd Alexander captures a
difficult position*
deinde Alexander quinque post diebus quam ex illo oppido
discesserat, ad angustias[1], quas hostes magnis copiis tenebant,
pervenit. simul ac in eos progressus est, de collibus saxa
ingentia devolvere coeperunt quae ordines eius exercitus
sternerent. quo impetu permotus ille, suis reductis, cum   5
timeret ne hostes maiores copias haberent quam quas vinceret,
nonnullos dies constituit sibi esse morandum. tum pastor
quidam dicitur pollicitus esse se ad iugum[2] quoddam illum
esse ducturum. 'Si id ceperis', inquit, 'pedem referre facile
coges hostes.' quem ducem nocte secutus, Alexander ipse   10
cum trecentis levis armaturae[3] ante primam lucem ad collem
summum qui castris hostium imminebat, advenit. quo e loco
tam subito factus est impetus ut hostes ignari quam pauci
adversarii essent, tumultuose fugerint. Craterus igitur qui,
Alexandro absente, exercitui prae-erat, progressus, nullo   15
milite amisso, angustiis potitus est.   *Curtius*

1 *angustiae* (pl.) = narrow pass   2 *iugum* = ridge
3 *levis armatura* = light-armed troops

*(d) Decius Brutus writes to M. Brutus and Cassius that the
situation in Rome is deteriorating and that Antony is posing
a threat to them*
              D. Brutus Bruto et Cassio S.D.
cognoscite quo in statu[1] simus; heri vesperi Hirtius ad me

venit; demonstravit qua mente Antonius esset. cum in his
angustiis[2] versarer, placuit mihi ut aliqua causa proficiscendi
honesta quaereretur. nihil quidem habeo quod me in Italia
detineat; arbitror migrandum esse Rhodum aut aliquo   5
terrarum. si melior casus fuerit, revertemur Romam; si
mediocris, in exsilio vivemus; si pessimus, ad novissima
auxilia[3] descendemus. neminem habemus qui nos adiuvet
praeter Sex. Pompeium. itaque rogo vos quam primum mihi
rescribatis; rescribite quem in locum convenire possimus, quo   10
me velitis venire.

post[4] novissimum sermonem Hirtii placuit mihi postulare
ut liceret nobis Romae esse publico praesidio; quod non puto
Antonium nobis concessurum esse;[5] magnam enim invidiam[6]
ei faciemus. nihil tamen non postulandum[7] esse putavi quod   15
aequum esse videretur.   *Brutus (adapted)*

1 *status* = position, circumstances   2 *angustiae* here = critical position
3 *novissima auxilia* = civil war   4 The final paragraph is a post-
5 *concedo* = grant, allow   script probably written after
7 *postulo* = demand   talking with Hirtius
                                        6 *invidia* = unpopularity

XIV NE WITH THE SUBJUNCTIVE

1   You already know that **ne + the subjunctive** can be translated **to avoid, to prevent, in case, if** Latin is indicating **Purpose**, or by **not . . . to** if **Indirect Command. ne + the subjunctive** is also used after verbs of **fearing** such as, **timeo, vereor, metuo,** and may be translated by **that** as you probably realised in passage (c) of the previous chapter.

e.g. *timebat ne pater sibi irasceretur.*

He feared that his father $\begin{cases} \text{was angry} \\ \text{might be angry} \\ \text{would be angry} \end{cases}$ with him.

veremur ne hiems oriatur.

We fear that a storm $\begin{cases} \text{may} \\ \text{will} \end{cases}$ break.

Note that a verb of **fearing** may be followed by **ut,** in which case translate **that . . : not. ne . . . non** is also used to mean **that . . . not.**

e.g. *veriti sumus ut miles servatus esset.*

We feared that the soldier had not been saved.

2   Latin also uses **ne + the subjunctive** after the following verbs:

deterrere   to deter (from)
impedire   to hinder (from), prevent (from)
recusare   to refuse (to)

e.g. *eum impediemus ne effugiat.*

We shall hinder him from fleeing.

recusabat ne sententiam diceret.

He refused to give his opinion.

me deterrebas ne orationem haberem.

You deterred me from making a speech.

Note that with these verbs you translate **ne** by the **obvious** word to complete the meaning of each verb, i.e. **from** and **to.**

You must, of course, distinguish the use of ne when used with a **main verb** to express a **prohibition**.

e.g. *ne Romam discedamus.*

Let us not leave for Rome.

COMPREHENSIONS

(a)   Verres' ruffians are foiled in their attempt to steal a statue

Herculis templum est apud Agrigentos non longe a foro,
sanctum apud illos et religiosum. ibi est ex aere statua ipsius
Herculis qua numquam vidi pulchriorem. ad hoc templum
spoliandum, cum esset Verres Agrigenti, repente nocte media
servorum armatorum fit concursus atque impetus. clamor a   5
vigilibus templique custodibus tollitur. quo facto fama totam
per urbem percrebuit[1] expugnari deos patrios. nemo Agrigenti
viribus tam infirmis fuit qui non illa nocte eo nuntio excitatus
surrexerit telumque quodcumque fors offerebat, arripuerit;
ita brevi tempore ad templum custodiendum tota ex urbe   10
concurritur. horam amplius iam in demoliendo templo illius
servi moliebantur,[2] sed illud nulla e parte lababat cum
conarentur ad se rapere funibus. repente Agrigenti impetum
faciunt ut illos scelestos impediant ne statuam tollant; fit
magna lapidatio; dant sese in fugam praeclari illius imperatoris 15
nocturni milites.   *Cicero*

1 *percrebesco* = spread   2 *molior* = toil

1 Where was this statue to be found and how was it
   regarded?   2
2 Translate *qua numquam vidi pulchriorem* (l. 3)
   (a) literally (b) idiomatically.   3
3 How does the writer suggest the attack was a swift,
   violent one?   2
4 What rumour spread through the city?   1
5 In which two ways does the writer emphasise the
   whole-hearted and immediate response of the
   citizens to this attack?   2

6 What success did the raiders achieve after more than
   one hour's hard work? Indicate one of the methods
   they used. 3
7 What was the effect of the volleys of stones? 2
8 Cicero was fond of sarcasm in his speeches. What
   examples can you find of this in the final sentence? 2
9 Quote in Latin from the passage an example of
   (a) the impersonal use of the verb (b) an Ablative 1
   Absolute. 2
                                                      ——
                                                      20

(b) *Pausanias escapes from the magistrates, but meets his
end in a gruesome fashion**
sermone Pausaniae cum Argilio audito ephori melius
putaverunt in urbe eum comprehendi. quo cum essent
profecti et Pausanias, Argilio placato (ut putabat)
Lacedaemonem reverteretur, in eo erat ut[1] in itinere
comprehenderetur; sed is ex vultu ephori cuiusdam, qui eum   5
admonere cupiebat, insidias sibi fieri intellexit. itaque paucis
gradibus ante eos qui eum sequebantur, in aedem Minervae
confugit. illi statim veriti ne hinc exire posset, fores eius aedis
obstruxerunt, tectumque[2] sunt demoliti quo celerius frigore
periret. dicitur eo tempore mater Pausaniae vixisse et iam   10
magno natu, postquam de scelere fili comperit, in primis
lapidem ad introitum aedis attulisse ad filium claudendum
cum omnino recusaret ne se traderet. hic cum semianimis de
templo elatus esset, confestim animam efflavit. sic Pausanias
magnam gloriam turpi morte polluit.   *Nepos (adapted)*
1 *in eo erat ut* = he was on the point of   2 *tectum* = roof

1 What did the magistrates feel was the better course
  after listening to Pausanias and Argilius? 2
2 How did Pausanias realise he was walking into an
  ambush? 2
3 Quote from the passage the Latin which suggests it

*Before attempting this passage it would probably help if you read
again exercise X(b) and your answers to it.

was a close race between Pausanias and his pursuers. 2

───
20

UNSEENS

Translate into English

*(c)   Pompey seeks help from the King of Egypt. Assistance
is promised, but Achillas and Septimius receive secret orders
to kill him*

Pompeius igitur ad regem legatos misit qui rogarent ut in
urbem Alexandriam ipse reciperetur atque Aegyptos illius in
tanta calamitate misereret. ei autem qui missi erant, confecto
legationis officio, liberius cum militibus regis colloqui
coeperunt. mox eos hortati sunt, ut suum officium Pompeio   5
praestarent[1] neve[2] fortunam eius despicerent; illum enim
potissimum esse dignum qui in rebus adversis adiuvaretur.
quibus cognitis rebus amici regis timebant ne corrupto regis
exercitu Pompeius Alexandriam Aegyptumque occuparet.
itaque legatis palam benigne responderunt; Pompeius ad   10
regem veniret. clam autem Achillam, audacissimum hominem
et L.Septimium tribunum militum, Pompeii interficiendi
causa miserunt. qui, cum ad Pompeium venissent, promiserunt
fore ut illum ad regem prosequerentur.[3] tum ille suspicatus
nihil quod Septimius in exercitu suo centurio quondam fuerat, 15

naviculam conscendit cum paucis suis et ibi ab Achilla ac
Septimio interficitur. *Caesar*

1 *officium praesto* = do one's duty   2 *neve* + subj. = and not to...
3 *prosequor* = escort

(d) The Tarentines join battle with the Romans, but are no match for them

accidit ut proelium in aditu fori maiore impetu quam
perseverantia committeretur. par Romano Tarentinus erat
non animo, non armis, non arte belli, non vigore ac viribus
corporis. itaque pilis tantum[1] coniectis facile deterrebantur
ne manus consererent ac terga dederunt; dilapsi per nota[2]   5
urbis itinera in suas amicorumque domos. duo ex ducibus
Nico et Democrates fortiter pugnantes ceciderunt. Philemus,
qui proditionis ad Hannibalem auctor fuerat, cum citato
equo[3] ex proelio avectus esset, equus per urbem vagus paulo
post visus, corpus nusquam inventum est; vulgo[4] creditum est   10
illum in puteum[5] apertum ex equo cecidisse. in eo erat ut[6]
Carthalo praefectus Punici praesidii armis depositis consuli se
traderet cum miles obvius[7] eum obtruncavit. alii alios sine
discrimine[8] armatos, inermes caedunt, Carthaginienses
Tarentinosque pariter. tum ab caede ad urbem diripiendam   15
discursum est. triginta milia servilium capitum dicuntur capta,
argenti copia ingens. *Livy*

1 *tantum* = only   2 *notus* = familiar
3 *citato equo* = at a gallop   4 *vulgo* = generally
5 *puteus* = well   6 *in eo erat ut*: see note on
7 *obvius* = encountering   XIV(b)1 p.65
8 *sine discrimine* = without distinction

XV QUIN AND QUOMINUS

1 In Latin **quin** is used with the **subjunctive** after dubito (I doubt) and **dubium** (doubtful).

e.g. *non dubitabamus* }
haud dubium erat } *quin navis mersa esset.*

We did not doubt }
There was no doubt } that the ship had sunk.

Note that you translate **quin** after **dubito** or **dubium** by **that**.

2 **quin** with the **subjunctive** is also used to mean **who . . . not**.

e.g. *nemo erat quin hunc librum intellegeret.*

There was no one who did not understand this book.

Note that this use of **quin** normally occurs after a **negative** or **interrogative main clause**.

3 The verbs **deterreo, impedio, recuso**, can also be followed by **quin** or **quominus** as well as **ne**.

e.g. *te impediam quominus Athenas eas.*

I shall hinder you from going to Athens.

eum non deterrebamus { *quin* / *quominus* } *Capuam rediret.*

We did not deter him from returning to Capua.

consul recusavit quominus orationem haberet.

The consul refused to make a speech.

Note that you will translate **quin** or **quominus** after these verbs in just the same way as **ne**, i.e. **from** and **to** depending on the verb.

COMPREHENSIONS

(a) Cicero gives his reasons for taking a case
fortasse, iudices, sunt qui mirentur me, qui tot annos in
iudiciis ita sim versatus[1] ut defenderim multos, subito nunc

ad accusandum descendere. si tamen mei consilii causam
cognoverint, id quod facio probabunt, et in hac causa
neminem esse praeponendum² actorem³ putabunt.   5

cum quaestor in Silicia fuissem, iudices, et ex ea provincia
ita discessissem ut Siculis omnibus iucundam⁴ memoriam
quaesturae relinquerem, nemo erat quin arbitraretur se in me
praesidium suis fortunis habere. quare nunc omnes ad me
saepe venerunt ut suarum fortunarum omnium defensionem   10
susciperem. venisse tempus dicebant non iam ut commoda⁵
sua, sed vitam salutemque totius provinciae defenderem; se
iam ne deos quidem in suis urbibus ad quos confugerent
habere, quod eorum sanctissima simulacra C. Verres sustulisset.
itaque adductus sum, iudices, officio, fide ut eorum causam   15
susciperem.   *Cicero (adapted)*

1 *versor* = spend (time)   2 *praepono* = prefer
3 *actor* = advocate, lawyer   4 *iucundus* = pleasant
5 *commoda* = interests

1 What does Cicero suggest some people might find
   surprising about his present action?   2
2 Why does he think such people will approve of it?   2
3 Cicero was rather fond of 'blowing his own trumpet'.
   Quote from the first paragraph the Latin which
   suggests this weakness.   2
4 Where had he served as quaestor?   1
5 Translate *nemo erat quin arbitraretur se in me*
   praesidium suis fortunis habere (ll. 8–9).   3
6 What claim is being made upon him?   2
7 How is the urgency of this claim emphasised?   3
8 What pathetic details did the claimants add to arouse
   Cicero's pity?   3
9 Give one of the reasons which Cicero gives for
   acceding to their request.   1
10 Quote in Latin from the passage an example of
   Qui Generic.   1
                                                                 ──
                                                                 20

(b) The Romans prevent the Carthaginians from storming Nola

hoc colloquium[1] spem recipiendae Nolae per proditionem
Hannibali abstulit; itaque corona[2] oppidum cinxit ut simul
undique moenia aggrederetur. quem Marcellus ut muris
successisse vidit, acie intra portam instructa cum magno
tumultu erupit. aliquot primo impetu caesi sunt, deinde   5
aequatis viribus atrox esse coepit pugna; memorabilis inter
paucas fuisset nisi tempestate orta imber pugnantes
diremisset.[3] ex quo factum est ut[4] in urbem Romani, Poeni
in castra pedem rettulerint; nam prima eruptione Poenorum
ceciderunt haud plus quam trecenti, Romani quinquaginta.   10
imber continens per noctem totam usque ad horam tertiam
diei insequentis tenuit; itaque quamquam utraque pars avida
certaminis erat, eo die tenuerunt sese tamen munimentis.
tertio die Hannibal partem copiarum in agrum Nolanum quae
praedaretur misit. quod ubi animadvertit Marcellus extemplo   15
in aciem copias deduxit, neque Hannibal recusavit quominus
proelium committeret.   *Livy*

1 *colloquium* = parley	2 *corona* = ring of men
3 *dirimo* = separate	4 *ex quo factum est ut* = the result of this was that

1 How had Hannibal previously hoped to regain Nola?   1
2 What was his aim in encircling the city with troops?   2
3 Why did Marcellus launch a violent attack from the
  city?   2
4 What separated the combatants? How would the
  battle have been judged if it had continued?   3
5 What two Latin words are to be understood in the
  clause, *ut in urbem Romani* (l. 8)?   2
6 What were the Roman and Carthaginian casualties
  in the first attack?   2
7 *eo die tenuerunt sese munimentis* (l.13). Why did
  both sides remain inactive on that day? What was
  the mood of the combatants on both sides?   2
8 *quod ubi animadvertit* (l.15). What did Marcellus

notice and what counter-action did he take? 3
9 Translate *neque Hannibal recusavit quominus proelium committeret* (ll.16–17). 2
10 Quote the Latin from the passage which might be freely translated, 'now the odds were even'. 1

———
20

UNSEENS

Translate into English

(c) Cicero argues, with examples from history, that knowledge of the future would bring little comfort to mankind

ego arbitror scientiam futurarum rerum ne utilem quidem
nobis esse. si enim Priamus, rex Troiae, ab adulescentia
scivisset quomodo periturus esset, quanto cum gaudio vitam
egisset? putasne Marco Crasso utile fuisse scire, interfecto
Publio filio exercituque trans Euphratem deleto, cum   5
ignominia et dedecore sibi pereundum esse? quis est qui
dubitet quin Cn. Pompeius maxima perturbatione animi vitam
acturus fuerit[1] si ab primis annis scivisset fore ut in solitudine
Aegypti interficeretur amisso exercitu? potuitne Caesar
dissimulare[2] se angoribus premi[3] si divinasset fore ut   10
trucidatus[4] in eo senatu quem maiore ex parte[5] ipse delegisset
ita iaceret ut non modo amicorum, sed ne servorum quidem
quisquam ad eius corpus accederet? certe igitur ignoratio
futurorum malorum utilior est quam scientia.

Cicero (adapted)

1 *-urus fuerim* = would have ...   2 *dissimulo* = conceal
3 *angoribus premor* = be tortured   4 *trucido* = butcher
  by anxiety
5 *maiore ex parte* = to a greater extent

*(d)   After defeating Antiochus Hannibal goes to Gortynia in
Crete. He plays a clever trick upon the Gortynians, and keeps
his treasure safe*

Antiocho fugato, verens Hannibal ne dederetur, quod sine
dubio accidisset si sui potestatem[1] fecisset, Cretam ad
Gortyniam venit ut ibi quo se conferret consideraret. vidit
autem vir omnium callidissimus[2] magno se fore periculo nisi
quid providisset, propter avaritiam Cretensium; magnam enim   5
pecuniam secum portabat de qua haud dubitabat quin exiisset
fama. itaque capit tale consilium. amphoras[3] complures
complet plumbo, summas operit[4] auro et argento. has
praesentibus principibus deponit in templo Dianae simulans
se suas fortunas illorum fidei committere.[5] quibus in errorem   10
ductis statuas aeneas quas secum portabat, omnes sua pecunia
complet easque in propatulo[6] domi abicit. Gortynii templum
magna cura custodiunt ut Poenum impediant quominus
deposita ipsis inscientibus tollat secumque ducat. sic
conservatis suis rebus Poenus illusis[7] omnibus ad Prusiam in   15
Pontum pervenit.   *Nepos (adapted)*

1 *sui potestatem* = any power   2 *callidus* = cunning
   over himself   4 *operio* = cover
3 *amphora* = wine jar   6 *in propatulo* = openly
5 *committo* = entrust   7 *illudo* = trick

72

If the word has these letters

- AND(u)
- END(u)

in it, and stands beside a noun; if it & the
noun have the same endings it's a

GERUNDIVE

eg Caesar ad Galleam vent ad omnes.
Vincendos.

ad Gullos vicendos

However, if the word has andu or endu
in it, and stands next to a noun,
but does not have the same ending as
that noun, you have a gerund / GERUND.

eg I am here to help you

Adsum ad vos urandum

Lightning Source UK Ltd.
Milton Keynes UK
UKOW06f2343200316

270555UK00004B/4/P

9 781853 995491